Vorwort

Essen hält Leib und Seele zusammen!

Ob Norden, Osten, Süden, Westen, im Kindergarten schmeckts am besten!

In dieser Volksweisheit liegt so viel Wahres, dass es an der Zeit ist, die verschiedenen Aspekte, die das Essen(kennen-)lernen in der frühen Kindheit beeinflussen, in den Blick zu nehmen.

Essen ist ein menschliches Grundbedürfnis, dem wir alle jeden Tag mehrfach nachkommen – allem Anschein nach also eine Alltagshandlung. Im Sinne von Ernährungsbildung auf gutes Essen in der Kita zu achten, hat bereits eine lange Tradition: Für die Praxis existieren viele hilfreiche Handreichungen und Projekte zur Gesundheitsförderung. „Gut essen" ist jedoch mehr als eine gute Ernährung. „Gut essen" definiert sich aus der Kultur, in der wir leben, ist nicht allein abhängig von den Speisen und Getränken, sondern maßgeblich auch vom Zeitpunkt, von der Organisation, der Atmosphäre der Mahlzeit und von den Personen, die zusammen essen. Wir Erwachsenen haben gelernt, wo und wie wir essen und trinken und was uns Wohlbefinden und Leistungsfähigkeit bringt. Kinder vom Krippenalter bis zur Einschulung sind noch auf dem Weg „gute Esserinnen und Esser" zu werden. Dieser Prozess unterliegt jedoch Einflüssen, die ihn mal mehr, mal weniger unterstützen.

Eine Alltagshandlung wie das Essen in den Fokus zu nehmen, bietet für die Weiterentwicklung pädagogischer Qualität in der Kita einen spannenden Ausgangspunkt. Wer die Mahlzeit als Bildungszeit entdeckt, gewinnt einen mehrperspektivischen Blick auf das System Kita, erkennt Wechselwirkungen im Kita-Alltag, etwa zwischen Familie und Einrichtung, zwischen Ausstattung und Handlungsmöglichkeiten u.a. Rund um die Mahlzeit lassen sich jede Menge Bildungsanlässe entdecken – vermutlich nicht allein für die Kinder. Drei Kompetenztypen lassen sich definieren:

1. Die „Essenlerner", die neu in die Kita kommen und noch auf dem Weg sind, ein Esser, eine Esserin zu werden, die vielleicht die Umstellung von der Brei- auf die Familienkost noch nicht abgeschlossen und erst eine kleine Karte ihnen bekannter Speisen haben.

2. Die „Essenkönner", die motorisch und emotional fähig sind, selbstständig und genussvoll eine Mahlzeit in unserer Esskultur zu bewältigen, und auf vielfältige Erfahrungen mit verschiedenen Speisen zurückgreifen können.

3. Die „Essenkennenlerner", die neu in die Kita kommen, schon eine gut ausgestaltete Speisekarte – aber eben die ihrige – haben und vor der Herausforderung stehen, neue Speisen kennenzulernen, in einem ihnen neuen Rahmen, einer neuen Tischgemeinschaft und vielleicht auch mit ihnen noch unbekannten Kulturfertigkeiten.

Eine Kita schreibt in der Art und Weise, wie sie Mahlzeiten gestaltet, die individuelle Essgeschichte jedes Kindes weiter, mit Speisen, Sitten, Kulturtechniken und erlebten Tischgemeinschaften, bewusst und unbewusst. Mit Reflexionsfragen möchte ich Sie anregen, sich selbst immer wieder in die Perspektive des Essenlerners und des Essenkennenlerners zu versetzen und nachzuvollziehen, welch immense Entwicklungs- und Anpassungsleistung vor allem junge Kinder und Kinder aus anderen Kulturen beim Essen in der Kita erbringen.

Unsere Essgeschichte wird auch geprägt von Glaubens- und Sinnsätzen. Tischsprüche mit Hintersinn, zum Schmunzeln oder solche, die besonders eingängig sind, begleiten das Thema auf einer literarischen Ebene. Was Sie in diesem Heft nicht finden, sind Ausführungen zu Lebensmittelgruppen, Nährwerten, Speiseplanung und Verpflegungssystemen – wo Sie die finden, habe ich Ihnen abschließend zum Weiterlesen zusammengestellt.

Kariane Höhn

Kariane Höhn

ist Diplom-Sozialpädagogin; freiberuflich arbeitet sie als Kommunalentwicklerin und Fachreferentin mit Schwerpunkt Kindertagesbetreuung. Als Abteilungsleiterin hat sie für die Tageseinrichtungen der Stadt Reutlingen mit ihrem Team u.a. Ernährungsstandards entwickelt und dafür erforderliche konzeptionelle und organisatorische Rahmenbedingungen aufgesetzt.

Anmerkung

„Tageseinrichtungen für Kinder" ist der im Sozialgesetzbuch VIII verwendete formale Begriff.
Für die bessere Lesbarkeit wird hier durchgängig der Begriff „Kita" gebraucht; die Begriffe „Krippe" und „Kita" bzw. „Kindertageseinrichtung" werden, wo erforderlich, für die differenzierte Betrachtung der Altersgruppe bzw. Betriebsform verwendet.

Inhalt

Essen- und Trinkenlernen gelingt mit Zeit und Raum zum Selber-Tun

I. Mahlzeiten in der Kita: eine Einführung

1. Was „gut essen" bedeutet

Essen und Trinken ist in der institutionellen Kindertagesbetreuung seit jeher ein Thema. Betreuung – verbunden mit Versorgung – steht gleichrangig neben Bildung und Erziehung als Auftrag an die Kita. Nach Maywald und Walper von der Deutschen Liga für das Kind gehören gesunde Ernährung und ausreichend Bewegung zu den wichtigsten Bedingungen eines guten Lebens (vgl. Maywald/Walper 2015). Der 13. Kinder- und Jugendbericht der Bundesregierung unterstreicht, „dass der eigene (gesunde) Körper nicht nur eine Voraussetzung für gelingende Bildungsprozesse darstellt, sondern dass der eigene Körper selbst Medium für Bildungsprozesse darstellt" (BMFSFJ 2009, S. 17). Und auch der erste Reichtums- und Armutsbericht der Landesregierung Baden-Württemberg 2015 stellt die Wechselwirkung zwischen Armutsgefährdung und Bildungsarmut heraus. Die große Bedeutung gesunder Ernährung für die Entwicklung, Gesundheit und Leistungsfähigkeit von Kindern ist bekannt. In keinem anderen Lebensabschnitt verändern sich Nahrungsbedarf und Ernährungsgewohnheiten so stark wie in den ersten Lebensjahren (vgl. Kersting/Hilbig 2015). Gutes Essen und Trinken ist also ein zentrales Thema einer zeitgemäßen frühkindlichen Bildung. Aber was ist gutes Essen und Trinken in der Kita? Wer definiert, was gegessen wird, wo eingekauft, wie zubereitet und in welchem pädagogischen Setting gereicht und verkostet wird? Der Träger, die Leitung, die pädagogischen Fachkräfte oder die Eltern?

> Essen ist die zu erfüllende Aufgabe, will man sein und leben.
> (Dunitz-Scheer/Scheer)

In den vergangenen Jahrzehnten lag der Fokus auf pädagogischen Projekten zur Ernährungsbildung und Gesundheitsförderung – unbenommen eine wichtige Perspektive. Ziel war die Kompetenzerweiterung, jedoch häufig methodisch losgelöst vom Esstisch vermittelt. Mit der Studie der Bertelsmann Stiftung „Is(s)t Kita gut?" (vgl. Arens-Azevêdo/Pfannes/Tecklenburg 2014) wurde jedoch deutlich, dass die Versorgung der Kinder mit einer gesunden Ernährung in Kitas leider keine Selbstverständlichkeit ist. Genauso wenig wie die Frage, wie Essen im pädagogischen Alltag sprichwörtlich Platz nimmt. Der Ruf nach verbindlichen, trägerübergreifenden bundesweiten Standards für die Versorgung von Kindern in Kitas wurde laut. „Vollwertig essen hält gesund, fördert Leistung und Wohlbefinden und unterstützt einen nachhaltigen Ernährungsstil", so die Deutsche Gesellschaft für Ernährung (DGE 2016). Sie hat auf der Basis aktueller wissenschaftlicher Erkenntnisse zehn Regeln formuliert, die dabei unterstützen, genussvoll und gesund zu essen:

- „Die Lebensmittelvielfalt genießen
- Reichlich Getreideprodukte sowie Kartoffeln
- Gemüse und Obst – Nimm „5 am Tag"
- Milch und Milchprodukte täglich, Fisch ein- bis zweimal in der Woche, Fleisch, Wurstwaren sowie Eier in Maßen
- Wenig Fett und fettreiche Lebensmittel
- Zucker und Salz in Maßen
- Reichlich Flüssigkeit
- Schonend zubereiten
- Sich Zeit nehmen und genießen
- Auf das Gewicht achten und in Bewegung bleiben" (ebd.)

Die bundesweite Initiative „Macht Dampf, gutes Essen in Kita und Schule" titelt: „Gutes Essen und Trinken sorgt für Antrieb: Eine gesunde und ausgewogene Ernährung mit ausreichend Flüssigkeitsnachschub ist der Treibstoff für die körperliche und geistige Leistungsfähigkeit von Kindern und Jugendlichen. Aber es geht um mehr: genussvolles Essen in der Gemeinschaft ist Ausdruck von Freude und Geselligkeit." Essen und trinken in der Kita lernen hat demnach Konjunktur – die Mahlzeit wird zur Bildungszeit in einem umfassenden Sinn.

Eigenschaften guter Esser und Esserinnen

„Hat mein Kind heute gut gegessen?“, ist eine der Standardfragen in der täglichen Abholsituation. Sein Kind in der außerfamiliären Betreuung gut versorgt zu wissen, hat für Eltern höchste Relevanz und demnach hohen Einfluss auf die Ausgestaltung der Kooperation Elternhaus – Kita (vgl. Kapitel III.2). Eltern verknüpfen die Frage nach dem Wohlergehen ihres Kindes häufig erst einmal mit der Frage nach dessen Essverhalten. Der Bezug zum Eingangszitat „Essen hält Leib und Seele zusammen“ liegt förmlich auf dem Teller. Was macht aber einen guten Esser/eine gute Esserin aus? Kann diese Frage überhaupt grundsätzlich beantwortet werden oder nur individuell, bezogen auf die Essenden?

Die folgende Aufzählung nimmt – durchaus humorvoll – wesentliche Eigenschaften guter Esser und Esserinnen, wie sie landläufig diskutiert werden, in den Blick.

Ein guter Esser/eine gute Esserin …

- lernt auch beim Essen bewusst (ein Leben lang) gern dazu
- weiß um den Nährwert der Speise
- hat Kenntnisse über die Wechselwirkungen zwischen einer ausgewogenen Ernährung und der Leistungsfähigkeit
- interessiert sich für die Herkunft der Speise, ihre Bearbeitung und Rezeptur

- isst alles bzw. hat keine zu deutlichen Präferenzen oder Abneigungen gegenüber einzelnen Nahrungsmitteln oder Nahrungsmittelgruppen
- isst ausgewogen
- reguliert, in welchen Situationen von welchem Nahrungsmittel wie viel zu essen ist (isst nicht zu viel und nicht zu wenig)
- probiert gerne alles, auch unbekannte Speisen

- isst bewusst mit allen Sinnen

- isst genussvoll
- ist neugierig auf neue Speisen
- isst in einem guten Rhythmus, schlingt nicht, braucht nicht zu lange

- kaut die Nahrung angemessen, kommt mit unterschiedlicher Beschaffenheit der Speise gut zurecht
- hat keine Schluckbeschwerden, auch bei stückiger Nahrung

- ist konzentriert bei der Sache, kaspert nicht herum
- hat die Kulturfertigkeiten „im Griff“, weiß der jeweiligen Situation angemessen zu essen

- verträgt alles bzw. muss nicht auf Nahrungsmittelunverträglichkeiten achten

- verträgt und verdaut gut, hat keine deutliche Neigung zu Erbrechen, zu Sodbrennen, Durchfall oder Verstopfung

- isst gerne in Gemeinschaft, lässt sich aber nicht zu sehr vom Essen ablenken
- fügt sich in die Atmosphäre bei Tisch ein, ist ein angenehmes Mitglied in der jeweiligen Tischgemeinschaft
- kann teilen, warten, unterstützt bei Bitten anderer Tischgemeinschaftsmitglieder
- weiß sich zu benehmen; kann mit den Speisen in der Essenssituation adäquat umgehen

… fühlt sich rundum wohl in seiner/ihrer Haut!

Selbstverständlich zeichnet die Skizze (s. S. 5) kein realistisches Bild. Sie verdeutlicht vielmehr Widersprüche und zeigt auf, wie wenig realistisch es ist, alle Kriterien gleichermaßen zu erfüllen. In gewisser Weise hält uns die Aufzählung, bezogen auf die Erwartungen, die an essenlernende Kinder gestellt werden, auch einen Spiegel vor.

Praxistipp

Das Strichmännchen (s. S. 5) kann, methodisch eingesetzt in der Teamsitzung oder am Elternabend, den Austausch über „eine gute Esserin/einen guten Esser" einleiten. Lassen Sie ein Strichmännchen malen oder legen Sie ein Foto eines Kindes aus und regen Sie an, die persönlichen Annahmen zum „guten Esser" direkt in Bezug zu dem dabei eingesetzten Körperteil zu bringen. Die Teilnehmenden stellen dann ihre Reflexionsergebnisse vor. Der sich anschließende Austausch in der Runde unterstützt dabei, die verschiedenen Perspektiven auf „gutes Essen" kennenzulernen, und bildet die wesentliche Ausgangslage dafür, ein gemeinsames Selbstverständnis für die Essbegleitung in der Kita zu entwickeln. Im nächsten Schritt bietet sich eine Priorisierung an: „Was sind aus Ihrer Sicht die drei wichtigsten Eigenschaften eines guten Essers/einer guten Esserin? Warum gerade diese drei?"

2. Warum Mahlzeiten besondere Beachtung verdienen

Was alles wirkt auf das Essenlernen ein? Aus neun verschiedenen Perspektiven wird das Thema im Folgenden beleuchtet. Dieser mehrperspektivische Blick legt den Grundstein für die folgenden Kapitel und unterstreicht das Potenzial, das in der bewussten Gestaltung von Mahlzeiten als Lernsetting liegt.

1. Essen prägt von Anfang an

Unsere persönliche Essgeschichte beginnen wir bereits im Mutterleib zu schreiben. Mit den Aromen aus der Nahrung der Mutter, die uns über das Fruchtwasser erreichen, beginnt sich unser Geschmackssinn auszubilden. Und nicht nur das: Sogar die mütterlichen Emotionen während der Mahlzeiten erreichen den Embryo mit hormonellen Botschaften über den gemeinsamen Blutkreislauf. Während der Stillzeit bildet sich der Geschmack des Essens der Mutter in der Muttermilch ab. Erste Vorlieben und Abneigungen entstehen. Diese ersten Erfahrungen begleiten uns unser Leben lang.

Genussvoll essen von Anfang an

Genussvoll essen und trinken

... ist ein Thema, das in unserer westlich geprägten Esskultur Konjunktur hat: bewusst essen in Abgrenzung zum hektischen „to go", dem schnellen Stillen des physischen Hungers, um dann „das Wichtige" weiterzuverfolgen. Genuss ist positive Sinneswahrnehmung, die mit körperlichem und/oder geistigem Wohlbefinden verbunden ist und uns emotional berührt. Genuss entsteht reflexiv. Durch unsere bewusste (sinnliche) Wahrnehmung der Speise in der jeweiligen Situation und Umgebung, vielleicht verbunden mit einer gewissen Vorfreude, gestalten sich Wechselwirkungen, die wir in unserem Gedächtnis speichern und in vergleichbaren Situationen wieder aktivieren und weiter ausdifferenzieren.

2. Evolutionsgeschichtlich gesehen
... ist die Vorliebe für Süßes und die Abneigung gegen Bitteres und Saures in das genetische Programm des Menschen geschrieben. Es war in der Frühgeschichte über Jahrtausende hinweg eine Art Sicherheits- und Schutzprogramm, damit er sich beim Essenlernen in freier Wildbahn energiereicher Nahrung zuwenden und potenziell giftige Nahrung ausschließen konnte (s. Kapitel III.2). Beim heutigen, in unserem Kulturkreis vorherrschenden Nahrungsmittelangebot ist diese Prägung eine Herausforderung. Die Nahrungsmittelindustrie weiß diese Tatsache in ihren Angeboten vor allem für Kindernahrungsmittel für sich zu nutzen.

3. Ess-Expertinnen und -Experten
... sind wir alle – zumindest in eigener Sache, tun wir es doch tagaus, tagein: essen und trinken. Täglich sind wir mit der Wahl der Lebensmittel, ihrer Anbauweise, dem Ort des Einkaufs und der folgenden Bearbeitung zur Herstellung der Speise, der Komposition unserer Speiseplanung konfrontiert. Wir entscheiden uns in unserem kulturellen und wirtschaftlichen Rahmen, was wir wann und wo mit wem essen.

4. Esskulturen entstehen
Es ist naheliegend, dass sich in allen Kulturen und zu allen Zeiten Esskulturen entwickelt haben und stetig weiterentwickeln. Was ein gutes und ein weniger gutes Essen ausmacht, also welche Nahrungsmittel und Speisen in welchem Alter und welcher Lebenslage förderlich sind, wird kulturell definiert. Jörn Borke und Heidi Keller (2014, S. 15) definieren „Kultur als einen dynamischen und interaktiven Prozess, in dem sich Überzeugungen und Werte herausbilden, die zentral für das Alltagserleben der Menschen in den jeweiligen Kontexten sind. Kinder nehmen daher beiläufig die kulturellen Botschaften ihrer Umgebung auf. (...) da Entwicklung ein aktiver Prozess ist, werden kulturelle Werte in dem intergenerationellen Geschehen modifiziert" (s. Kapitel III.1).

5. Essen: Ausdruck von Identität
Die Art und Weise, wie wir uns ernähren, wo und mit wem wir essen, ist Ausdruck unserer Identität und wird aktuell als noch aussagekräftiger bewertet als der Stil unserer Kleidung (vgl. Zukunftsinstitut 2016).

Vorlieben und Abneigungen mit einem bewusst gestalteten Speiseangebot beantworten

6. Essen schafft Beziehung
Schon unser allererster Kontakt mit Nahrung ist geprägt vom In-Beziehung-Sein. Gestillt zu werden oder eine Milchflasche zu erhalten ist unabdingbar mit den (ver-)sorgenden Personen, der Mutter, den Eltern, verbunden. Die Fütter-Beziehung begleitet uns ins Essen hinein und vermittelt früh, wie essen funktioniert, welche Werkzeuge und Gegenstände wie benutzt werden, in welchem Rhythmus wir die Speise zu uns nehmen, wie wir dabei miteinander in Kontakt sind. Je nach Lebenssituation kann uns das Gefüttertwerden länger begleiten oder uns am Ende unseres Lebens wieder begegnen.

Bei täglichen Routineabläufen in der Pflege, wie zum Beispiel dem Füttern, werden auch die Bedeutungsmuster, die den Lebensstil einer größeren Gruppe prägen, übermittelt (vgl. Gonzales-Mena/Widmeyer-Eyer 2008).

> Genuss ist
> mir für etwas Zeit zu nehmen
> es mir wirklich zuzugestehen
> es nicht nebenbei zu machen
> zu wissen, was mir guttut
> meine Vorliebe klar benennen zu können
> bereit zu sein, sich täglich Freude zu gönnen
> zu akzeptieren, dass weniger mehr ist
> Enthaltsamkeit in Vorfreude umzuwandeln.
> (Beate Handler)

Essen lernen ist eine Entwicklungsaufgabe

Wie viel Nahrung braucht ein Kind?

Diese Frage stellen sich Eltern tagtäglich, pädagogische Fachkräfte beschäftigt sie bei der Beobachtung des Essverhaltens und der körperlichen Konstitution der Kinder. Das Essverhalten zeigt, auch bei den Jüngsten, eine interindividuelle Variabilität. So kann die Verzehrmenge am Tag bei einem 2-Jährigen zwischen 500g und 1000g liegen. Säuglinge hingegen haben die Fähigkeit zur endogenen Regulation, können also den Nahrungsverzehr an den Energiebedarf anpassen. Im Laufe des Kleinkindalters nimmt jedoch der Einfluss von Außenreizen zu (z.B. durch Zwingen zum Essen, Festsetzen von Mahlzeiten oder Mengen) und die beschriebene Hunger-Sättigungsregulation wird behindert (vgl. Kersting/Hilbig, 2015). Um sich gut zu entwickeln, braucht ein Kind folgende Lebensmittelmengen in der Mittagsverpflegung:

Quelle: Tabelle „Beispiele für Lebensmittelmengen in der Mittagsverpflegung" in: Deutsche Gesellschaft für Ernährung (Hrsg.) (2015): DGE-Qualitätsstandard für die Verpflegung in Tageseinrichtungen für Kinder. 5. Aufl., 2., korr. Nachdr., Bonn: o.A., S. 48.

7. Ohne (gutes) Essen keine (gute) Entwicklung

Was Kinder wann und wie essen, beschäftigt von jeher diejenigen in der Familie und Gesellschaft, die für das Hineinbegleiten des Kindes ins Leben, für seine Erziehung, Bildung und Betreuung verantwortlich zeichnen. In seiner persönlichen Entwicklung bewältigt jeder Mensch von Geburt an Entwicklungsaufgaben. Dabei geht es immer um ein Zusammenwirken von individueller Leistungsfähigkeit, kulturellen Erwartungen (z.B. wann soll ein Kind selber essen können) und individuellen Zielsetzungen (z.B. wenn du ein Kindergartenkind bist, isst du mit Messer und Gabel) (vgl. Niesel/Griebel 2015).

> Sag mir, was du isst, und ich sage dir, wer du bist.
> (Jean Anthelme Brillat-Savarin)

Bei einer Entwicklungsaufgabe wird der positive Charakter der Herausforderung bei der Gestaltung der Aufgabe hervorgehoben – der Kompetenzzuwachs steht im Vordergrund. Essen zu lernen und Kompetenzen in den Kulturfertigkeiten rund ums Essen auszubauen, ist eine klassische Entwicklungsaufgabe. Förderlich wirken sich dem Entwicklungsstand angemessene Faktoren aus – etwa eine gut vorbereitete Ess-Umgebung, verlässliche Beziehungen in der Begleitung des Essens, dem jeweiligen Kompetenzstand und dem jeweils beim Kind aktuellen Bekanntheitsgrad entsprechende Speisen. Aber auch dann vollzieht sich Entwicklung nicht bei allen Kindern gleich, sondern zeigt eine hohe Variabilität, da sie sich im Wechselspiel zwischen Anlagen und Umwelt vollzieht (vgl. Hille/Evanschitzky/Bauer 2016).

Stehen Entwicklungsaufgaben in Bezug zu kulturellen Erwartungen, müssen die pädagogischen Fachkräfte Kenntnisse über Sozialisationsziele und den gesellschaftlichen Stellenwert frühkindlicher Bildung in der jeweiligen Kultur haben. „Sozialisationsziele und Ethnotheorien bilden einen maßgeblichen Hintergrund für das Elternverhalten und das Verhalten pädagogischer Fachkräfte. Je nachdem, was als wichtig, erstrebenswert und förderlich gilt, werden manche Verhaltens- und Umgangsweisen eher betont, andere eher vernachlässigt oder gar unterbunden. All dies hat Auswirkungen auf die kindliche Entwicklung und Bildung" (Borke/Keller 2014, S. 17).

Lebensmittelgruppe	1 bis unter 4 Jahre	4 bis unter 7 Jahre
Getreide, Getreideprodukte und Kartoffeln		
Kartoffeln, Reis[1], Teigwaren[1] oder Getreide[1]	80–100 g / Tag	120–150 g / Tag
Gemüse		
Gemüse, gegart und roh	80 g / Tag	100 g / Tag
Obst		
Obst	100 g / Woche	150 g / Woche
Milch und Milchprodukte		
Milch und Milchprodukte	200 g / Woche	250 g / Woche
Käse	20 g / Woche	30 g / Woche
Fleisch, Wurst, Fisch, Ei		
Fleisch[1] und Wurstwaren	80 g / Woche	100 g / Woche
Fisch[1,2]	50 g Seefisch / Woche	60 g Seefisch / Woche
Eier	1 Ei / Woche inkl. verarbeitete Eier in Eierkuchen, in Teigwaren, in Aufläufen usw.	1 Ei/Woche inkl. verarbeitete Eier in Eierkuchen, in Teigwaren, in Aufläufen usw.
Fette und Öle		
Öle	5 g / Tag	6 g / Tag

[1] Die Mengenangaben beziehen sich auf gegarte Ware.

[2] Mind. 2 x fettreicher Seefisch innerhalb von 20 Verpflegungstagen.

8. Mahlzeit: Erlebnis und Erfahrungswelt

Essen und Trinken bietet Kindern nicht nur einen für ihre Entwicklung relevanten, sondern auch höchst vielfältigen Bildungsbereich (s. Kapitel II.1). Ein Reigen an emotionalen, kognitiven und physischen Kompetenzen liegt tagtäglich auf dem Tisch und fordert eine umfassende, alltagsintegrierte Bildungsarbeit von A wie Aufnehmen der Nahrung bis Z wie Zerbeißen derselben.

9. Mahlzeiten im gesetzlichen Bildungsauftrag

Die Einrichtungen der institutionellen Kindertagesbetreuung haben im Kinder- und Jugendhilfegesetz (SGB VIII) ihren gesetzlichen Rahmen. Jeder Mensch hat das „Recht auf Förderung seiner Entwicklung und auf Erziehung zu einer eigenverantwortlichen und gemeinschaftsfähigen Persönlichkeit" (§1 Abs.1 SGB VIII). „Jugendhilfe soll (…) insbesondere junge Menschen in ihrer individuellen und sozialen Entwicklung fördern und dazu beitragen, Benachteiligungen zu vermeiden oder abzubauen" (§1 Abs.3 Ziffer 1 SGB VIII). Ernährung und Ernährungsbildung kann deswegen als Teil des staatlichen Bildungsauftrags verstanden werden. In §22 SGB VIII definiert die Kinder- und Jugendhilfe den Bildungsauftrag für die institutionelle Kindertagesbetreuung und stellt im 3. Absatz heraus: „Der Förderauftrag (…) schließt die Vermittlung orientierender Werte und Regeln ein." Diese Definition bildet den Rahmen für die weitere Ausdifferenzierung über die Landesausführungsgesetze und die Bildungs- bzw. Orientierungspläne der 16 Bundesländer. In allen Bildungsplänen finden sich Aussagen zur Ernährung, wenngleich in unterschiedlicher Ausarbeitung, bezogen auf Ernährungsbildung, Gesundheit, Esskultur, soziales Lernen und Ökologie. Ein weiterer wesentlicher gesetzlicher Auftrag ist die Beachtung des Kindeswohls. §1 Abs.3 Ziffer 3 SGB VIII führt an: „Kinder und Jugendliche sind vor Gefahren für ihr Wohl zu schützen". Die individuelle Beachtung des Grundbedürfnisses Essen und Trinken ist ein wesentlicher Aspekt, um das Wohl des Kindes zu sichern. Gefahren entstehen beispielsweise über die gereichten Nahrungsmittel, über Zwang oder Verweigerung.

Literaturtipp

Bundesministerium für Familie, Senioren, Frauen und Jugend (Hrsg.) (2009): 13. Kinder- und Jugendbericht. S. 313ff. Tabellarische Ausarbeitung der wichtigsten Aussagen zu Ernährung, Gesundheit und Bildungsauftrag in den Bildungsplänen der 16 Bundesländer

Beim Essen gemeinsam jede Menge Bildungsthemen entdecken

II. Mahlzeiten als Bildungszeit entdecken

1. Was wir beim Essen lernen

Essenlernen und Essenkennenlernen bieten ein weites Feld, sich Fertigkeiten und Fähigkeiten zu erschließen und diese weiterzuentwickeln. Die Mahlzeit an sich sowie die mit ihr zusammenhängenden Tätigkeiten eröffnen eine Vielzahl an Bildungsthemen, die sonst im Kitaalltag häufig isoliert, in spezifischen pädagogischen Projekten, aufgenommen werden. Finden sie alltagsintegriert und in verlässlich wiederkehrendem Rahmen statt, unterstützen sie die Entwicklung verschiedenster Fertigkeiten sogar sehr gezielt. Neben die sättigende Nahrungsaufnahme tritt der Bildungsauftrag (vgl. auch Methfessel/Höhn/Miltner-Jürgensen 2016); Mahlzeiten werden berechtigterweise zu Bildungsorten und -zeiten, denn sie entwickeln, trainieren und erweitern

- physiologische,
- feinmotorische,
- sinnliche,
- naturwissenschaftliche,
- sprachliche,
- soziale,
- personale,
- strukturell-organisatorische Kompetenzen

sowie

- Nahrungsmittelkunde und
- ökologische Kenntnisse (BNE).

Die mit * gekennzeichneten Kompetenzen entwickeln sich vor allem in der Zeit des Essenlernens, also in der Regel im Zeitraum bis zum Erreichen des 3. Lebensjahrs.

1. Physiologische Kompetenzen

- Zungenbewegung*, um die Speise im Mundraum zu bewegen und nicht hinauszuschieben
- Training der Lippenaktivität*, um Nahrungsmittel entsprechend ihrer Beschaffenheit aufzunehmen
- Training des Schluckens ohne Einsatz der Zunge*
- Kiefer-, Mund-, Gesichtsmuskulatur trainieren, zum Beispiel (ausdauernd) kauen lernen

2. Feinmotorik*

Kinder lernen, Gegenstände aufzunehmen, verschiedene Griffe einzusetzen, zu hantieren und dabei zum Beispiel verschiedenes Besteck adäquat zu benutzen, und trainieren die Auge-Hand-Mund-Koordination.

3. Sinnliche Wahrnehmung

Kinder lernen bewusst

- Geschmack (das Gustatorische),
- Optik (das Visuelle),
- Geruch (das Olfaktorische),
- Beschaffenheit, Sensorik und Textur (das Haptische),
- Geräusche (das Auditive)

kennen und beschreiben. Sie lernen dabei, unbehandelte Nahrungsmittel und bearbeitete Nahrungsmittel/Speisen schmecken, riechen, fühlen und begreifen, sehen und gegebenenfalls hören (knackende Nüsse) zu können und den Unterschied der Bearbeitung beim selben Nahrungsmittel zu erfassen. Kinder erfahren, dass ein Nahrungsmittel, das ihnen vertraut ist, in einer anderen Zubereitung anders, vielleicht ungewohnt oder fremd schmeckt. So können sie „Fremdes" ausprobieren und doch Vertrautes (wieder-)finden. Sie lernen Genuss kennen und erfahren, was dazu beiträgt.*

Exkurs zur Geschmacksentwicklung

„Zum Schmecken gehört zunächst die Sinnesaufnahme mit der Zunge, dann die Verarbeitung von Geschmack und Gefühlen im Gehirn. Der Sinneseindruck Geschmack ist eigentlich eine Mischung aus Geschmacks- und Geruchswahrnehmung, ergänzt durch Tast- und Temperaturempfindungen der Zunge. Was wir uns ‚auf der Zunge zergehen lassen', ist die Reizung der Sinneszellen in den Geschmacksknospen der Zunge. Diese – und somit den Geschmacksinn – sprechen chemische Reize in der Nahrung an. Sobald unser Gehirn einen Geschmack wahrnimmt, löst dies die Produktion von Speichel und Verdauungssekreten aus.

> Die Hand ist jenes feine, komplizierte Organ, das der Intelligenz gestattet, nicht bloß kundzugeben, sondern in ganz bestimmten Beziehungen zur Umwelt zu treten. Man kann sagen, der Mensch ‚ergreife' mit seiner Hand Besitz von dieser Umwelt.
>
> (Maria Montessori)

Die Signale der Zunge leiten drei Hirnnerven an das Stammhirn weiter. Von dort gelangen sie zum Thalamus – der wichtigsten Umschaltstation im Zwischenhirn – und weiter zur Hirnrinde des Geschmacks (gustatorische Hirnrinde) sowie zum Stirnhirn. Dort überschneiden sich Bahnen mit dem Riechhirn. Das erklärt die enge Verbindung des Schmeckens mit dem Riechen und den emotionalen Assoziationen. Schmecken beginnt bereits vor der Geburt: Der Fötus schluckt Fruchtwasser – und wie dieses schmeckt, hängt von der Ernährung der Mutter ab. (…) Mit zunehmendem Lebensalter nimmt die Anzahl der Geschmacksknospen ab. Daher braucht ein Erwachsener stärkere Geschmacksreize" (Rosenkötter 2016, S. 66).

4. Naturwissenschaft/Mathematik

Zu den naturwissenschaftlich-mathematischen Vorläuferkompetenzen, die während einer Mahlzeit relevant werden, gehören das Erfassen von Mengen und spezifischen Gewichten von Nahrungsmitteln und Gegenständen, von sich verändernden Mengen (z.B. beim Schöpfen und Gießen), das Bilden von Kategorien (z.B. beim Tischdecken) sowie das Sortieren.

In den sauren Apfel beißen,
eine bittere Pille schlucken,
eine Saure-Gurken-Zeit überleben.
(sprichwörtlich)

5. Sprache und Kommunikation

- Kinder lernen, sich sprachlich und über Handzeichen (s. Kasten GuK S. 13) im Hinblick auf Hunger, Sättigung und Durst mitzuteilen.*
- Sie lernen die Bezeichnungen für Nahrungsmittel und die Tätigkeiten beim Essen/bei Tisch in der deutschen Sprache (und wo sinnvoll in der Sprache/den Sprachen der Kinder aus der Tischgemeinschaft) kennen und anzuwenden.
- Sie pflegen den nonverbalen und verbalen Dialog mit einem Erwachsenen und vielleicht auch anderen Kindern über das eigene Wohlbefinden und über Nahrung; sie lernen sich über Vorlieben und Abneigungen mitzuteilen (Rückmeldekultur).
- Sie beteiligen sich an einem Tischgespräch.
- Sie lernen, die Speisekarte zu lesen und aktiv mitzugestalten.

6. Soziales Verhalten

Sozialkompetenz und sozial-kognitive Fähigkeiten umfassen während einer Mahlzeit:

- an einer Gemeinschaft teilhaben und sich selbst dabei versorgen können*
- sich selbst versorgen und lernen, sich versorgen zu lassen*
- Rituale kennenlernen und pflegen*
- sich Regeln erschließen, diese aushandeln, mitgestalten und einhalten
- Kompromisse schließen
- teilen und abwarten lernen (erst ab 3–4 Jahren)
- Unterschiede wahrnehmen: einerseits zwischen den Fähigkeiten der einzelnen Mitessenden und andererseits zwischen den Speisen, die einzelne in der Tischgemeinschaft zum Beispiel aus gesundheitlichen, religiösen oder kulturellen Gründen nicht essen; tolerant mit dieser Unterschiedlichkeit umgehen
- Verantwortung übernehmen: für andere den Tisch eindecken
- Wertschätzung gegenüber der Nahrung sowie den Personen, die die Speisen zubereiten, ausdrücken
- Lob- und Kritikkultur erlernen, um Rückmeldung rund um die Mahlzeit differenziert und aus der Ich-Perspektive geben zu können
- sich trauen, Vorschläge für die Speiseplanung einzubringen und diese begründen zu können

7. Personale Kompetenz*

Kinder lernen ihre Körpersignale bei Hunger, Durst und Sättigung kennen; sie entwickeln Kompetenzen der Selbstregulation.

8. Struktur und Organisation

- Kinder machen sich mit dem Ablauf einer Mahlzeit und den Übergängen zu den vorhergehenden und folgenden Aktivitäten vertraut und vollziehen diese zunehmend selbstständig: Hände waschen, einen Latz aussuchen, den Tisch mit eindecken, den eigenen Teller abräumen.
- Sie lernen die mit der Herstellung einer Mahlzeit zusammenhängenden Tätigkeiten kennen.
- Sie nehmen – dem Entwicklungsstand angemessen – aktiv an der Herstellung teil (z.B. Obst und Rohkost zubereiten).
- Sie werden über die Vorgänge der Bestellung, Anlieferung, artgerechten Lagerung und Entsorgung der Nahrungsmittel informiert (sie sind beispielsweise bei der Online-Bestellung der Gemüsekiste einbezogen, zählen im Lagerregal die Dosen mit vegetarischem Aufstrich, gestalten eine differenzierte Entsorgungszeile im Speisebereich mit und wenden diese korrekt an).

Rituale bei Tisch – kennen- und pflegen lernen

Die Spuren nach dem Imbiss selber beseitigen lernen

9. Nahrungsmittelkunde

Im Rahmen der Ernährungsbildung erfahren Kinder in der Kita die Hinführung zu einer aus mitteleuropäischer Sicht ausgewogenen, „gesunden" Ernährung mit einer frühen Prägung des Geschmacksinns. Sie lernen die aid-Ernährungspyramide mit den Nähstoffgruppen kennen sowie auch die verschiedenen Bearbeitungsmöglichkeiten von Nahrungsmitteln (z.B. Quetschen des Hafers zu Haferflocken, Kochen von Obst zu Kompott). Sie erfahren außerdem, dass Nahrungsmittel in unterschiedlichem Zustand präsentiert werden können – roh, gekocht, ausgepresst (z.B. die Karotte als Rohkost-Stick, als gekochtes Gemüse oder als Saft).

10. Ökologische Kenntnisse/Bildung für nachhaltige Entwicklung

Kinder erwerben über die Mahlzeiten in der Kita:

- Kenntnisse über heimisches Obst und Gemüse (Anbauorte und -arten, gestützt durch Besuche)

Ein Hochbeet mit Kräutern und Gemüse hat Platz im kleinsten Garten

- Kenntnisse über die Lieferbetriebe und Anbauorte der Gemeinschaftsverpflegung (z.B. Besuch beim Lieferanten der Gemüsekiste, „Mitarbeiten" beim Bestücken derselben)
- Kenntnisse über Nahrungsmittel aus anderen Ländern, deren Anbau und Transport zu uns nach Hause, den Begriff des ökologischen Schuhabdrucks und die CO_2-Bilanz

Sie lernen, Verantwortung für den eigenen Anbau zu übernehmen (z.B. ein Tee- und Kräuterbeet in der Kita anlegen und pflegen) und eine nachhaltige und gesunde Ernährung zu erfassen.

Literaturtipp

Dyson, Nikki (2015): 1000 Dinge, die man essen kann. London: Usborne Verlag.
Ein ansprechend gestaltetes Bilderbuch, das jede Menge Anlässe zum Entdecken bekannter und unbekannter Lebensmittel gibt und den sprachlichen Austausch anregt.

Brot für die Welt – Evang. Entwicklungsdienst/Diakonie Deutschland (Hrsg.) (2015): Alle guten Gaben. Warum gesundes und nachhaltiges Essen in der Kita wichtig ist. Berlin: Eigenverlag.

Fritz, L./Schubert, S. (2014): Bildung für nachhaltige Entwicklung. kindergarten heute – praxis kompakt. Freiburg: Herder.

Gätjen, Edith (2011): Lotta lernt essen. Stillen, Milch und Babybreie: Der Ratgeber fürs tägliche Leben. Stuttgart: Trias.

Gebärden-unterstützte Kommunikation (GuK)

GuK ist eine Methode, die es Kindern ermöglicht, über Gebärden zum gesprochenen Wort zu kommen. Sie wurde entwickelt, um Kindern, die (noch) nicht sprechen, durch den begleitenden Einsatz von Gebärden die Verständigung zu erleichtern. Das Sprechen wird also nicht ersetzt, sondern durch Gebärden unterstützt. Einfache Gesten für trinken, essen, Brot, satt, lecker etc. werden im Alltag durch die pädagogische Fachkraft eingeführt, damit Kinder lernen, vor allem auch ihre Grundbedürfnisse und Emotionen früh und sprachkulturübergreifend mitzuteilen. Entscheidend ist, dass man sich im Team auf die Gesten verständigt.

Literaturtipp: Broschüre „Sprechen lernen mit GuK" und GuK-Kartensammlungen, herausgegeben vom deutschen down-syndrom infocenter, Materialien und Kartenset zu beziehen über http://shop.ds-infocenter.de/

Hohe Kunst: gleichzeitig schöpfen und streuen

2. Gießen, Löffeln, Greifen – Schlüsselfertigkeiten im Fokus

Für Erwachsene sind es selbstverständliche, sich im Alltag dutzendfach wiederholende Fertigkeiten. Für (kleine) Kinder stellen sie eine Herausforderung dar, die sie sich gleichermaßen neugierig wie ausdauernd erschließen. „Noch mal" ist das Codewort, das die kindliche Lust an der übenden Wiederholung begleitet. Mittels Unterstützung einer gut vorbereiteten Lernumgebung (s. Kapitel V.2) können die Fertigkeiten Gießen, Löffeln und Greifen alltagsintegriert am Esstisch „Platz nehmen" und selbstverständlich trainiert werden.

Von der Kanne ins Glas – Schütten und Gießen

Umschütten und Umgießen fasziniert Kinder und gern üben sie sich ausdauernd darin. Unterschiedliche Schütt- und Gießmaterialien lassen Kinder vielseitige Erfahrungen machen: Die Fließgeschwindigkeit von Joghurt oder Wasser lässt sich ebenso entdecken wie von Vanillesoße oder stückiger Suppe. Mathematische Vorläuferkompetenzen und einfache physikalische Gesetze werden durch den Einsatz unterschiedlicher Gefäße geschult: Eigengewicht, Schwerkraft, Feinmotorik, Auge-Hand- und Hand-Hand-Koordination, Konzentration und Reaktionsvermögen. Motivieren Sie die Kinder, das Schütten und Gießen mal rechts und mal links zu versuchen (beidhändiges Arbeiten); das aktiviert die beiden Hirnhälften und unterstützt das Entwickeln von Geschicklichkeit. Es bietet sich an, unterschiedlich große, transparente Glaskrüge und Gläser unterschiedlichen Durchmessers einzusetzen (vgl. Bläsius 2012).

Ran ans Besteck – Löffelübungen

Bereits mit dem Zufüttern kommen Kinder in unserem Kulturkreis mit dem Löffel in Kontakt; bald beginnen sie nach ihm zu greifen und unternehmen erste Versuche des Selbstfütterns.

Das Löffeln unterschiedlicher Speisen fordert Geschicklichkeit, die sich über die Jahre hinweg ergibt; Löffelübungen außerhalb der Mahlzeit mit Materialien, die sich in der Küche finden, wie Mais, Gries, Bohnen, Wasser, bieten sich an. Das Löffeln von einem Gefäß in ein anderes führt zur Überkreuzung der Körpermittellinie und verbessert die Zusammenarbeit der beiden Gehirnhälften; Mengen abschätzen und verteilen sind mathematische Vorläuferkompetenzen, die ganz selbstverständlich folgen. Setzen Sie Löffel in unterschiedlicher Größe und aus unterschiedlichem Material ein (vgl. Bläsius 2012).

Nur nicht kneifen – Übungen mit der Zange

Das Arbeiten mit Zangen fördert Handgeschicklichkeit, Auge-Hand-Koordination, Konzentration und Ausdauer. Der Transport von „Gegenständen" wie zum Beispiel einer Gurkenscheibe, einem Stückchen Wurst oder einem Würfel Käse fordert ein hohes Maß an Geschicklichkeit und Konzentration. Es gilt, den Muskeltonus der jeweiligen Zange dem zu transportierenden Gegenstand anzupassen, um ihn nicht zu zerquetschen oder zu verlieren. Setzen Sie Zucker- oder Schneckenzangen ein (vgl. Bläsius 2012).

Beim gemeinsamen Frühstück über die familiären Essgewohnheiten ins Gespräch kommen

III. Mahlzeiten (kultur-) sensibel gestalten

1. Vielfalt der Esskulturen

Gerade weil Essen eine Alltagshandlung ist, sind wir schnell geneigt, die eigene Meinung darüber, was eine gute Mahlzeit und wie sie richtig zu gestalten ist, aus unserem privaten Ess-Setting auf andere Umgebungen zu übertragen. Kinder und pädagogische Fachkräfte sowie Träger und Hauswirtschaft bringen ihre lebensweltlichen diversiven Varianten des familiären Essens mit in die Kita. „So trifft eine Vielfalt von Essgewohnheiten zum einen aufeinander und zum anderen auf die institutionellen Essenssettings. Letztere (also die Esssettings in der Kita) beruhen auf Ansprüchen an ‚richtiges' Essen oder die richtige Essenssituation, zu denen der Geschmack und das Essen der Lebenswelten der Kinder (…) ungleich passen. In einer lebensweltlichen Perspektive zeigt sich, dass die in der Familie vermittelten Bildungsinhalte unabdingbar für die Lebensführung der Familie sind" (Täubig 2016, S. 213f.).

Durch kulturelles Lernen erwerben die Kinder ein Gefühl von Zugehörigkeit, einen Sinn für ihre persönliche Geschichte und Sicherheit in dem Wissen, wer sie sind und wo sie herkommen (vgl. Gonzales-Mena/Widmeyer-Eyer 2008). Neben der ethnischen Zugehörigkeit wirken außerdem die im jeweiligen Kulturraum spezifischen, natürlich zugänglichen Nahrungsmittel auf die Esskultur eines Kindes ein. Die Schichtzugehörigkeit und das Bildungsniveau der Familie sind weitere entscheidende Faktoren. Mit anderen Worten: Essen steht nicht nur für Nahrung im engeren, sondern im übertragenen Sinne auch für damit verbundene Gedanken, Gefühle und Beziehungen (vgl. Punch/Emond/McInstosh/Lightowler 2016).

> Für Spaghetti lang und schlank
> sag ich meinem Schöpfer Dank.
> Ebenso für die famose
> leckere Tomatensoße.
>
> (Tischgebet der Malteserjugend in den Diözesen Freiburg und Würzburg)

Das Verständnis von „Kindheit", das zum Beispiel in der institutionellen Kindertagesbetreuung für pädagogisches Handeln herangezogen wird, ist von Ethnozentrismus durchdrungen (vgl. Gonzales-Mena/Widmeyer-Eyer 2008): „Vieles von dem, was wir als ‚Kindesentwicklung' kennen, ist das Produkt einer überwiegend nordamerikanischen und europäischen Wissenschaftstradition" (ebd., S. 157). Deutschland ist in vielen Regionen seit Langem eine an kultureller Vielfalt reiche Gesellschaft; Migration und Zuwanderung gibt es von jeher. Ebenso lange schon zeigt sich deren Wirkung in unserem Nahrungsmittelangebot, zwischenzeitlich auch in Teilfertigprodukten und in der Landschaft der Restaurants und Imbissangebote. So hat die süddeutsche Maultasche schon lange Tortellinis unterschiedlicher Füllungen an ihrer Seite im Kühlregal. Gerichte aus handelsüblichen Linsen wurden erweitert um die aus roten sowie aus den wiederentdeckten schwarzen Linsen. Spaghetti mit Tomatensoße als Teilfertigprodukt gibt es seit bald einem halben Jahrhundert auf dem Markt.

Gesprächsleitfaden rund um die Essentwicklung des Kindes

(empfohlen für eine kultursensible Gestaltung der Aufnahme/Eingewöhnung)

1. Frühstes und frühes Essverhalten

- Haben Sie Ihr Kind gestillt? Wenn ja, wie lange?
- Hat Ihr Kind ergänzend, und wenn ja, ab wann, Flaschenmilchnahrung erhalten?[1]
- Was waren die ersten Lebensmittel, die Sie in der Abstill-Phase/Umstellung von Milch auf Breikost eingeführt haben?
- Gibt es besondere Reaktionen Ihres Kindes aus dieser Zeit der ersten Nahrungsumstellung, die für uns relevant sein könnten?
- Welche Nahrungsmittel und Speisenfolgen bevorzugt Ihr Kind heute?
- Haben diese eine besondere Beschaffenheit – sind sie besonders weich, breiig, suppig oder bissig?
- Welche Beschaffenheit der Speise bevorzugt Ihr Kind grundsätzlich?
- Verwenden Sie besondere Gewürze und Kräuter, die Ihr Kind gerne isst?
- Wie beschreiben Sie die Würzung der Speise?
- Bevorzugt Ihr Kind „reine", erfassbare Lebensmittel/Speisen oder liebt es auch Vermengtes, wie Suppen, Aufläufe usw.?
- Gibt es unter den bevorzugten Nahrungsmitteln welche, die Ihr Kind besonders in Situationen der Anspannung bevorzugt? D.h., gibt es Speisen, die Ihr Kind unterstützen, sich selbst zu regulieren? Nennen Sie die drei wesentlichsten.

2. Unverträglichkeiten

- Gibt es Nahrungsmittel, Speisen oder Getränke, die Ihr Kind nachweislich nicht verträgt (Allergieneigung bzw. Allergienachweis durch den Arzt)?
- Gilt es, eine besondere Diät einzuhalten?
- Gibt es Nahrungsmittel, Speisen oder Getränke, von denen Ihr Kind erbrochen hat oder von denen es ihm in Folge deutlich unwohl war?

3. Trinken

- Was bevorzugt Ihr Kind zum Trinken?
- Aus welchen Trinkgefäßen trinkt Ihr Kind gut und gern? Aus welchen weniger?
- Wann pflegt es zu trinken (auch zur Beruhigung oder beim Einschlafen)?

4. Atmosphäre beim Essen in der Familie

- Beschreiben Sie kurz, wie Sie zu Hause die Ess-/Fütterzeit Ihres Kindes gestalten.
- Wo wird gegessen? Immer am selben Ort oder an unterschiedlichen? Auf dem Schoß, auf dem Hochstuhl, woanders? Was bevorzugt Ihr Kind?
- Wird jede Mahlzeit in Gemeinschaft der Familie eingenommen oder gibt es gesonderte Zeiten für die Kinder/das Jüngste?

5. Esszeiten-Rhythmus des Kindes

- Hat Ihr Kind aktuell einen deutlichen Esszeiten-Rhythmus?

[1] Wie ein Kind in seinen ersten Lebensmonaten genährt wird, hat auch Auswirkungen auf die Phase der Heranführung an Speisen und ist somit relevant für pädagogische Fachkräfte bei der Essbegleitung junger Kinder. Auch ist gut zu erfahren, ob das Kind in den ersten Monaten Sättigung durch das Stillen mit körperlichem Kontakt verknüpft oder zum Beispiel Stillen das Einschlafen begleitet.

2. Eine neue Esskultur in der Kita kennenlernen

Selbstverständlich gehen wir im Alltag davon aus, dass jede/-r weiß, wie essen funktioniert. Die individuellen Unterschiede, wie zum Beispiel unsere Essgeschwindigkeit, die Art und Weise, wie wir Speisen zerkleinern, wie groß die Happen sind, die wir aufnehmen, oder wie intensiv wir kauen, sind uns nicht bewusst. „Durch Betreuungs- und Pflegeroutinen werden kulturelle Botschaften vermittelt, selbst wenn sich die Betreuungsperson solcher kultureller Implikationen nicht bewusst ist" (ebd., S. 154). Die Betreuungserfahrungen des Kindes sollten sich im Einklang mit der Kultur befinden, aus der es kommt. So ist darauf zu achten, dass die vertrauten Praktiken der Pflegeroutinen, die ein Kind von zu Hause gewohnt ist, in die Betreuungstätigkeiten des Kita-Alltags einfließen: „Betreuungsgewohnheiten sollten dem Kind ein Gefühl der Verbindung zu seinem Zuhause vermitteln und – was noch wichtiger ist – dem Kind das Gefühl geben, dass seine Herkunft respektiert und geschätzt wird. (…) Wenn die Betreuerinnen denselben kulturellen Hintergrund haben wie die Familie, für die sie arbeiten, dann wird es den Kindern leichter fallen, ihre eigene Kultur, ihre Wertvorstellungen und Überzeugungen in ihre sich entwickelnde Selbstdefinition einzubeziehen" (ebd., S. 119). Zwei Schritte bieten sich an, um eine Brücke zwischen der Esskultur der Eltern und der des pädagogischen Teams – vielleicht auch der der Hauswirtschafterin oder Köchin – zu bauen.

Schritt 1: Das Gespräch suchen

Der erste Schritt besteht darin, in der Zeit der Aufnahme und des Ankommens durch intensiven Austausch rund um die Essgeschichte die bisherige Erfahrungswelt des Kindes kennenzulernen. Dass pädagogische Fachkräfte verschiedene Gesprächsanlässe gezielt nutzen, um Informationen zur Lebenswelt der Familien und deren Wertvorstellungen zu erhalten, liegt auf der Hand. Schnell sind wir jedoch im Alltag geneigt, auf Stereotypen zu-

- Können Sie uns diesen kurz beschreiben bzw. welche der Mahlzeiten nimmt Ihr Kind regelmäßig ein: sehr früh morgens – Frühstück – Zwischenmahlzeit – Mittagessen – Aufwachmahlzeit nach Mittagsschlaf – Zwischenmahlzeit – Abendessen – Begleitung ins Schlafen – nachts?
- Gibt es besondere Situationen im Alltag, etwa bei Anspannung oder bei Fremdheit, in denen Ihr Kind besonders gern oder am liebsten gar nicht isst?

6. Motorische Fertigkeiten und ihre Entwicklung

Damit sich ein Kind selbst versorgen kann, braucht es die Kompetenz und die Ruhe, eine Mahlzeit zu sich nehmen zu können. Jedes Kind ist dabei mit eigenen Methoden „unterwegs". Um Ihr Kind weder zu überfordern noch zu unterfordern, ist hilfreich zu erfahren, wie Ihr Kind selbst isst:

- Kann es im Gleichgewicht sitzen (Voraussetzung, um hantieren zu können)?
- Welche Kulturtechnik* praktiziert Ihr Kind? Kann es einen Löffel*/eine Gabel* sicher führen und damit ausreichend Nahrung zu sich nehmen (Auge-Hand-Mund Koordination)? Kann es mit dem Messer* umgehen (streichen; schneiden)?
- Kann Ihr Kind selbst aus dem Glas trinken, d.h. ein Glas zum Mund führen und schlucken?

7. Gemeinsam die Ess-Entwicklung begleiten

Wir sind daran interessiert, wie sich das Essverhalten Ihres Kindes bei Ihnen in der Familie weiterentwickelt. Wir freuen uns, immer wieder darüber mit Ihnen ins Gespräch zu kommen.

- Wie wollen Sie mit uns in Kontakt bleiben (z.B. darüber, was Ihr Kind bei uns isst, welche Speisen es bevorzugt, mit wem es gern zusammen isst)?

Weitere Tipps:

- Gehen Sie gemeinsam mit den Eltern die Speisepläne durch und stellen Sie die Kriterien der Speiseplanung vor. Die Eltern kreuzen an, welche Speisen/Komponenten das Kind kennt und bevorzugt.
- Führen Sie ergänzend einen bebilderten Speiseplan ein. Im Aufnahmegespräch unterstützt er den Einblick in die Esskultur. Im Alltag gibt er Eltern und Kindern Sprachanlass, sich täglich über das Essen auszutauschen – auch in der nonverbalen Phase (z.B. als Ritual beim Abholen einführen).
- Zeigen Sie den Ort, an dem die Materialien rund ums Essen aushängen. Anhand von bebilderten „Esslerngeschichten" geben Sie Einblick, wie Kinder bei Ihnen in der Kita an die neuen Speisen herangeführt werden, in welcher Weise Sie Kinder beim Essenlernen, in der Tischgemeinschaft und in Projekten zur Ernährungsbildung begleiten. Verdeutlichen Sie beispielsweise, dass es kein „Probieren müssen" gibt, stattdessen der Grundsatz des mehrmaligen Anbietens verfolgt wird, oder dass über die Sinne Riechen, Schmecken, Sehen, Begreifen, gegebenenfalls auch Hören das Kennenlernen des Lebensmittels sprachlich begleitet/unterstützt wird.

*Frage an die jeweils von der Familie praktizierte Kulturtechnik anpassen

Den täglichen Übergang für den Austausch nutzen – auch über das Essen

rückzugreifen – insbesondere dann, wenn es sich um für uns fremde Kulturen handelt, zu denen wir kaum Zugang haben. Empfindsam und feinfühlig mit dem Gegenüber und seinem kulturellen Hintergrund umzugehen, das versteht man unter kultursensitivem bzw. kultursensiblem Handeln (vgl. Höhn 2016).

Ein Gesprächsleitfaden, der sich ausschließlich am Essen und Trinken ausrichtet, kann hilfreich sein. Zu wenig Zeit dafür? Die Erfahrungen der Praxis zeigen: Zu Beginn Zeit in eine systematische Erhebung und Dokumentation aller Aspekte rund um die Pflegehandlung „Essen" zu investieren, wirkt sich förderlich auf den Aufbau der Kooperation mit den Eltern und den innerbetrieblichen Ablauf im schichtarbeitenden pädagogischen Team aus.

Praxistipp

Ältere Kinder, Esser/-innen und Essenkennenlerner/-innen bringen in Begleitung der Eltern ihr familiäres Einstiegsritual in die Mahlzeit in der Kita ein. Dabei sollten Mitglieder der Tischgemeinschaft in ihren Abläufen und Ritualen sehr sicher sein, damit das neue Element keine Irritation auslöst. Das Ausprobieren des jeweiligen Familienrituals kann fester Bestandteil des Ankommens- und Eingewöhnungsprozesses neuer Kinder in der Gruppe bzw. der Kita sein. So lernen alle Kinder die Vielfalt einer anderen Esskultur kennen.

Schritt 2: Die gemeinsame Mahlzeit

Der zweite Schritt umfasst eine gemeinsame Mahlzeit in der Zeit der Eingewöhnung. Hier können pädagogische Fachkräfte und Familien die jeweils andere Esskultur kennenlernen. Je nach Verlauf des Ankommens des Kindes und seiner Familie in der Kita bietet es sich an, Kind und Eltern in den ersten Tagen dazu einzuladen, mit den anderen Kindern der Gruppe gemeinsam am Essen teilzunehmen – eine gute Möglichkeit, die Interaktion zwischen Kind und Eltern beim Essen zu beobachten und Aspekte aus dem vorangegangenen Gespräch (s. Kasten S. 16/17) zu erweitern. Folgendes bietet sich an zu beobachten:

- Wie wird das Kind in seinen Aktivitäten beim Essen durch die Eltern unterstützt?
- Bekommt es die Speise in besonderer Weise vorbereitet/angerichtet? Welches Besteck wird gereicht? (Hierbei können Unterschiede zwischen Familientisch und Kita-Tisch gut sichtbar werden.)
- Wird „nachgefüttert"? Wenn ja, mit welcher sprachlichen Begleitung? (Weil das Kind nicht genug, nicht gut, nicht von allem gegessen hat?)
- Sitzt das Kind allein? Sitzt es auf dem Schoß?
- Verändert sich die Sitzposition und die Begleitung des Essens im Laufe der Mahlzeit? Wenn ja, wie begründet der Elternteil dies?
- Wie reagiert das Kind in Begleitung des Elternteils auf das ihm noch unvertraute Kita-Setting der Mahlzeit?
- Isst es etwas? Wenn ja, was? Genussvoll oder vorsichtig? Isst es schnell oder langsam im Vergleich zu den anderen Kindern?
- Ist es scheu, beobachtend?
- Ist es offensiv, ausprobierend, sich einen Platz am Tisch „holend"?

Seien Sie mutig! Fragen Sie bei den Eltern nach, wenn Sie eine Ihnen ungewohnte Form des Fütterns, der Speisenvorbereitung usw. beobachten. Fragen Sie nach Ritualen zum Einstieg und zum Abschluss der Mahlzeit und lassen Sie sich diese vorführen. Das geht auch am Rande einer gemeinschaftlichen Mahlzeit. Eine kurze Dokumentation der Beobachtung während der Mahlzeit, zum Beispiel in einer Eingewöhnungsdokumentation im Portfolio, unterstützt die Abstimmungen im pädagogischen Team bei Schichtwechsel, Ausfall der Bezugserzieherin und ähnlichen Situationen.

Für die einen eine vertraute Speise; für die anderen ungewohnt und ein Wagnis

Umgang mit unbekannten Speisen

Im Kita-Alltag stellt sich immer wieder gern – vor allem am Anfang eines Betreuungsverhältnisses – die Erwartung ein, dass die Kinder ganz selbstverständlich alles essen. Hier ist es erforderlich, sich zu verdeutlichen, wie Kinder auf ihnen fremdes Essen reagieren. Nehmen Sie sich ein wenig Zeit für die folgende Reflexionsfrage: Erinnern wir uns, wie es ist, an einem uns unbekannten Ort zum Essen eingeladen zu sein, hungrig Platz zu nehmen, in gespannter Erwartung dessen, was kommen wird. Erinnern wir uns, wie es ist, verlegen und unsicher vor einer vom Gastgeber gereichten Speise zu sitzen, die fremd und unbekannt riecht und deren Bestandteile kaum zu erkennen sind … Werden wir herzhaft und genussvoll zulangen? Vermutlich nicht. Es ist ganz natürlich, dass wir der fremden Speise mit großer Vorsicht und Achtsamkeit begegnen, um gewissermaßen zu erproben, ob wir sie essen können. Unsere Sinne sind in Habachtstellung; wir werden die Speise in Farbe(n) und Form betrachten, sie riechen, ihre Beschaffenheit prüfen – vermutlich nicht mit den Händen, sondern, wie in unserer Kultur üblich, über die Optik. Dann erst werden wir sie kosten und eventuell über unser Kauen auch noch hören, wie sich die Textur im Mundraum „verhält“. Wir werden uns also visuell, olfaktorisch, sensorisch, gustatorisch und auditiv herantasten. Dazu nehmen wir uns vermutlich Zeit.

Doch wie ist es im Kita-Alltag? Lassen wir den Kindern diese Zeit des Kennenlernens einer unbekannten Speise? Beobachten wir sie und begleiten ihr forschendes Herangehen sprachlich? Als Erwachsene kennen wir Situationen der Konfrontation mit fremden, unbekannten Speisen. Wir wissen, dass wir nach der Mahlzeit die Möglichkeit haben, unser Vesperbrot aus der Tasche zu ziehen oder uns beim nächsten Bäcker etwas zu kaufen. Erwachsene können mit der Spannung zwischen Hunger und fremden Nahrungsmitteln umgehen. Einem kindlichen Essenlerner, auch einem Essenkennenlerner, wird diese Zuversicht noch fehlen: Das Kind gerät möglicherweise in Aufruhr, ist in Sorge oder gar verzweifelt, dem Hunger nicht entsprechend begegnen zu können.

Setzen wir uns mit dem kindlichen Umgang mit fremden Nahrungsmitteln auseinander, ist die folgende Aussage interessant: „Wussten Sie, dass wir aus der Evolution ein wahres Vorsichtsprogramm mit auf den Weg bekommen haben, das uns seit Jahrtausenden in unserem Essverhalten begleitet? Die Entwicklung unserer Kinder (…) wird von Federn angetrieben, die in der Vergangenheit gespannt wurden“ (Renz-Polster 2014, S. 13).

> Was der Bauer nicht kennt, frisst er nicht.
>
> (sprichwörtlich)

Wurzeln des menschlichen Essverhaltens

Wieso essen kleine Kinder unbekannte Speisen gar nicht oder erst nach einiger Zeit sehr vorsichtig? Die Antwort liegt in der frühen Menschheitsgeschichte, denn im Laufe der Evolution gelangte der „Allesfresser Mensch“ zu den folgenden Ess-Regeln, die ihm das Überleben sicherten:

- Bevorzugung von süßen, energiedichten, sicheren und gut sättigenden Speisen als Überlebensnahrungsmittel
- Nur essen, was man kennt; sich vor bitteren Sachen hüten – sie könnten Giftstoffe enthalten
- Bei neuen, unbekannten Speisen zunächst sehr wenig nehmen
- Das essen, was die Sippe auch isst
- Nichts essen, von dem man sich schon einmal den Magen verdorben hat

Reine Speisen in Portionsgläschen arrangiert unterstützen das Probierenlernen

Dieses Schutzprogramm hat sich über Jahrtausende tief ins menschliche Bewusstsein geschrieben und wurde zum Erfolgsrezept. Jedes Kleinkind, das als „schleckig" gelten mag, lebt somit eine ganz normale Kindheit (vgl. Renz-Polster 2014). Die Erklärung dafür liegt in unserer Biologie: Mit den Geschmacksknospen der Zunge unterteilt der Mensch den Geschmack der Nahrung in süß, sauer, bitter, umami und salzig und beurteilt damit auch deren Qualität: süß steht für reife und damit möglichst kohlehydratreiche Früchte, sauer steht für unreif und kalorisch minderwertig oder für möglicherweise verdorben. Bitter weist auf potenziell ungünstige Nahrung hin, denn Bitterstoffe kommen oft in verdorbenen oder sogar giftigen Nahrungsquellen vor. Umami steht für eiweißhaltige und salzig für mineralhaltige Speisen.

Was bedeutet umami?

Die Geschmacksrezeptoren für umami sind erst vor wenigen Jahren entdeckt worden. Der Begriff kommt aus dem Japanischen und lehnt sich an „umai" an, was fleischig, würzig, herzhaft bedeutet – ein Geschmack, der auch durch Glutamat und Asparaginsäure ausgelöst wird (vgl. Rosenkötter 2016).

Wenngleich es für „fett" keine Geschmacksrezeptoren auf der Zunge gibt, wird fettreiche Nahrung schon in der Säuglingszeit bevorzugt. Fett verstärkt die positiven Geschmacksqualitäten; das Essen schmeckt süßer und würziger. Daraus folgt: Kinder beurteilen Nahrungsmittel in erster Linie nach deren Sicherheit und deren Überlebenswert. Süßes, Eiweißhaltiges und Fettes weist auf problemfreie, energiereiche „Überlebensnahrung" hin und wird deshalb bevorzugt. Bitteres und Saures dagegen werden kritisch gewertet – schließlich stehen sie für wenig Nahrhaftes, möglicherweise Verdorbenes oder sogar Giftiges. Die Vorliebe vieler Kinder für Süßes und Fettiges ist demnach eine Vorsichtsmaßnahme aus der Evolution und weniger der Widerstand gegenüber dem als gesund definierten und gut gemeinten Nahrungsangebot unserer westlich geprägten Esskultur.

Wie aber können Kinder dann an eine ausgewogene Ernährung herangeführt werden? Experimente zeigen, dass kleine Kinder, die ein Nahrungsmittel zunächst ablehnen, dieses dennoch annehmen, wenn es ihnen an aufeinanderfolgenden Tagen noch etwa zehn weitere Male angeboten wird. Kinder essen also bestimmte Nahrungsmittel nicht deshalb, weil sie ihnen schmecken, sondern sie schmecken ihnen, weil sie immer wieder davon essen (vgl. Methfessel/Höhn/Miltner-Jürgensen 2016). Es bedarf also einer Art freundlich bestimmten Durchhaltevermögens, wollen wir Kinder an andere, neue Nahrungsmittel heranführen – in unserem Kulturkreis an gesunde und zu bevorzugende Nahrungsmittel wie Obst und Gemüse.

Was andere essen, ist auch gut für mich

Sich an dem zu orientieren, was die Sippe genussvoll und ohne Schaden isst, war ebenso überlebenssichernd und begleitet uns auch heute noch bis ins Erwachsenenalter. Kleine Kinder greifen bei Tisch in der Regel nach den Nahrungsmitteln, die sich die Mutter nimmt und isst. „Es zeigt sich: ein ein- bis vierjähriges Kind nimmt sich doppelt so viel, wenn ein freundlicher Erwachsener davon zuerst nimmt" (Renz-Polster 2014, S. 23). Da-

Die Brotdose des Tischnachbarn entdecken

mit haben wir eine erweiterte Hypothese, wieso kleine Kinder gern auch aus der Brotdose des Nachbarn oder der Nachbarin kosten. Weckt die Erfahrung, dass das Essen der anderen Kinder auch gut ist, bei einem Kind mit sonst selektivem Essverhalten vielleicht dessen Neugier an den mitgebrachten Speisen seines Tischnachbarn? Nehmen Sie diese Hypothese in Ihre alltäglichen Beobachtungen mit. Vielleicht ergibt sich daraus ein neuer Umgang mit diesem häufig als Regelverletzung interpretierten Verhalten (mehr zum Thema Brotdose finden Sie in Kapitel IV.2).

Fehlernährung möglich?

Kindern soll Essen Spaß machen – Situationen, die von Sorge über zu wenig, zu viel oder falsches Essen geprägt sind, verhindern eine angenehme Ess-Atmosphäre (vgl. Renz-Polster 2014). Aber wie ist das, wenn wir den Eindruck haben, Kinder ernähren sich über einen gewissen Zeitraum nur von einer bestimmten Kombination von Speisen mit großem Genuss? Ob das Bananenquark oder Nudelsuppe ist – auch der Schutz vor einseitiger Ernährung ist genetisch vorgesehen. Wenn wir die Kinder umfassend beobachten, sehen wir, dass nach gewisser Zeit eine sogenannte spezifische sensorische Sättigung (vgl. Verbraucherzentrale 2016) eintritt – von heute auf morgen isst das Kind diese Kombination nicht mehr. Ein Schritt zu neuer Vielfalt wird gemacht.

Zu guter Letzt führt auch der „Garcia-Effekt“ zu einer sicheren Ernährung: Hat ein Nahrungsmittel einmal Übelkeit oder Erbrechen ausgelöst, führt das zu einem jahrelangen Vermeidungsverhalten bei dem Betroffenen; schließlich könnte die Speise giftig oder verdorben gewesen sein.

Praxistipp

Legen Sie kleine Häppchen eines für das Kind noch unbekannten Nahrungsmittels auf einen Extrateller, also nicht zu der Speise, die das Kind für diese Mahlzeit gewählt hat. Arrangieren Sie die Stücke appetitlich und so, dass das Kind problemlos selber danach greifen kann. Bieten Sie den Teller freundlich (mehrfach) an und begleiten Sie das Angebot sprachlich.
Kinder gewöhnen sich an das Angebot durch Vorbild und „freundliche Gewöhnung“. Positive Emotionen beim Essen sind gute Essenlernverstärker.

Literaturtipp

Child, Lauren (2013): Nein! Tomaten ess ich nicht!
Hamburg: Aladdin.
Ein Bilderbuch, das zeigt, wie der große Bruder die kleine Schwester zum Kosten animiert.

(K)ein Kinderspiel – mit fremden Nahrungsmitteln vertraut werden

3. Sensibel reagieren: Ankerlebensmittel anbieten

Für die Essenlerner/-innen im Krippenalter und für Kinder aus anderen Kulturkreisen, in der Kita die Essenkennenlerner/-innen, bedeutet es beim Start in der Einrichtung eine große Herausforderung, sich neben all den neuen Eindrücken und Anforderungen auch noch mit unbekannten Nahrungsmitteln/ Speisen gut zu versorgen (vgl. Höhn/Lutz 2014). Aber gerade in Zeiten großer Anspannung ist eine wohltuende, stärkende Mahlzeit wichtig. Schließlich ist Sich-Wohlfühlen die gelingende Ausgangslage für Exploration.

Wie ein Gefühl von Fremdheit entsteht

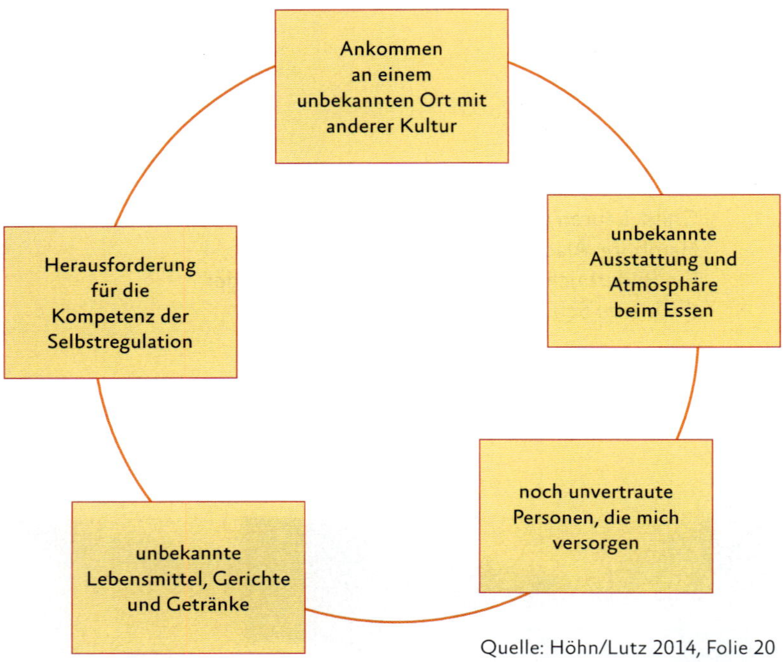

Quelle: Höhn/Lutz 2014, Folie 20

Daraus resultieren drei Arbeitsfragen:
Wie kann es gelingen, dass (Klein-)Kinder in besonders herausfordernden Phasen in der Gemeinschaftsverpflegung Nahrungsmittel finden, die ihnen vertraut sind, sie nähren?
Was kann die Kita dazu beitragen, dass Kinder, die durch Hunger und das Erleben, „nichts Passendes zu finden", bereits deutliche Anzeichen von Stress zeigen, beim Essen nicht noch mehr in Stress kommen und sich gut selbst regulieren können? Wie gelingt es neben einer Speiseplanung „für alle", individuelle Lösungen für angespannte Situationen zu finden und zuzulassen?

Lebensmittel als Rettungsanker

Ankerlebensmittel sind Grundlebensmittel und Speisen, die allen Kindern (immer) schmecken. Das können sein: Zwieback, Dinkelbrot, Reiswaffeln, Banane, Grießbrei, Apfel …

Es gibt keine Standardliste an Ankerlebensmitteln; entscheidend sind die Gewohnheiten der jeweiligen Kinder (vgl. Methfessel/Höhn/ Miltner-Jürgensen 2016). Rückfragen im Aufnahmegespräch (vgl. dazu Kasten S. 16/17) und die Beobachtung im Alltag gewährleisten die passgenaue Zusammenstellung. Ankerlebensmittel werden nur dann gereicht, wenn deutlich ist, dass ein (Klein-)Kind Hunger hat und unter den Angeboten des Speiseplans aktuell keine Speise findet, die ihm schmeckt. Für das Angebot des Ankerlebensmittels gelten folgende Prämissen:

- Die aktuelle Mahlzeit bzw. verschiedene Komponenten davon wurden behutsam angeboten.
- Das Kind hat bei den vorangegangenen Mahlzeiten an diesem Tag nichts oder sehr wenig gegessen.
- Das Kind zeigt deutlich Hunger. Es kann gegebenenfalls aufgrund des Hungers nicht schlafen und sich ausruhen. Es zeigt seine Belastung.

Jetzt bietet die (Bezugs-)Erzieherin dem Kind ein Ankerlebensmittel an, von dem sie weiß, dass es dieses gern isst – zum Beispiel ein Körbchen mit Zwieback, das sie dem Kind gezielt am Esstisch anreicht. Sitzt das Kind in einer Tischgemeinschaft, macht sie den anderen Kindern deutlich, dass es sich hier um eine Ausnahmesituation handelt, die einer besonderen Handhabung bedarf. Vielleicht bezieht sie sich auf eine vorangegangene ähnliche Situation eines anderen Kindes der Tischgemeinschaft und unterstreicht damit, dass jede/-r einmal in dieser Lage sein kann und das Recht auf Unterstützung hat. Sie erwähnt aber auch, dass im Normalfall die regulär angebotenen Speisen der jeweiligen Mahlzeit gegessen werden. Wichtig: Das Angebot von Ankerlebensmitteln bedeutet nicht, ein Parallelsystem in der Speisenversorgung zu installieren. Es bedeutet sprichwörtlich, einen Anker für die individuelle Bedürfnisregulation zu setzen und dem Kind zu signalisieren: „Wir verstehen deine Lage."

Ziel ist es, Entspannung in eine schwierige Situation in der Gemeinschaftsverpflegung zu bringen. Je nach Lebens- und Entwicklungslage des Kindes kann das Anbieten eines Ankerlebensmittels zum Beispiel auch nach längeren Aufenthalten im Heimatland, einem langen Besuch von Verwandten, Phasen der Krankheit oder der Geburt eines Geschwisterkindes erforderlich werden.

4. Richtig oder falsch: eine Frage der Kulturtechnik

„Nimm den Löffel und nicht die Hand!" Ist uns diese Aufforderung auch schon mal herausgerutscht? „Sitz gerade und zapple beim Essen nicht rum!" Gehört haben wir diese Mahnung sicher schon, wenn wir aus einem westeuropäisch geprägten Kulturkreis kommen. Andererseits wird uns vermutlich noch niemand ermahnt haben, nicht die linke Hand zu benutzen oder nicht den Mund der rechten Hand entgegenzuführen – so wie es in einigen Kulturen, die rechtshändig essen, gelehrt wird.

Die Erfahrung, wie wir „richtig" essen, also an welchem Ort mit welcher Kulturtechnik, bringen wir aus unserem kulturellen Rahmen mit. Kinder wachsen in die Esskultur ihrer Familie hinein. Von Geburt an nehmen sie an den Familienmahlzeiten teil. Früh, noch bevor sie von der Milchnahrung an die erste Kost herangeführt werden, beobachten sie das Essverhalten ihrer Sippe. Im Kita-Alltag, der von kultureller Vielfalt und verschiedensten Lebenslagen der Familien geprägt ist, sind wir gefordert, „Esskultur-Brücken" zu bauen, die es allen ermöglichen, regelmäßig in jeder Hinsicht sättigende Mahlzeiten einzunehmen. Um den pädagogischen Alltag kultursensibel gestalten zu können, müssen unterschiedliche Handlungsoptionen verfügbar sein. Das Leben mit Diversität ist dadurch gekennzeichnet, dass die pädagogischen Fachkräfte unterschiedliche Strategien des Umgangs mit Kindern und deren Familien zur Verfügung haben und diese nutzen, um sensibel und situationsangemessen auf die jeweiligen kulturellen Hintergründe eingehen zu können (vgl. Borke/Keller 2014). Unter diese Strategien fällt beispielsweise, sich in der Kommunikation mit den Eltern an deren Zeitfenster zu

„Heute nichts für mich dabei?"

Edith Gätjen beschreibt 4 Esstypen und gibt Tipps, wie sich der jeweilige Esstyp „abholen" lässt

Esstypen	Unterstützende Maßnahmen
Susi Süßling • bevorzugt in jeder Mahlzeit das Süße	• über „süßliche" Grundnahrungsmittel den Appetit auf Süßes steuern: süße Gemüsearten, süße und reife Früchte • Rohkost mit Obst kombinieren • russisches Brot; enthält wenig Fett, schmeckt jedoch süß
Gunter Gemüsnix • isst Nudeln, Kartoffeln und Reis pur • mag Obst immer • ist der Meinung, dass er über viel Fleisch große Muskeln bekommt	• Gemüse in Bratlingen verstecken • Rohkost, Gemüse und Obst gemischt mit Dips anbieten • Shakes mit Gemüse- bzw. Obstsaft zubereiten
Meggie Magnix • isst nur das, was sie kennt; bis zu 5 Lebensmittel • arbeitet gerne in der Küche mit und richtet Essen gerne nett her	• verschiedene, neue Lebensmittel immer wieder anbieten • Gerichte immer wieder neu zusammenstellen, auch in besonderen Arrangements • vielleicht mit einem Spiel beim Essen unterstützen
Karl Kaufaul • genießt alles, was einfach gut reinrutscht; Brot, Rohkost u.a. bleiben auf dem Teller	• Gerichte mit Soßen und Dips saftiger machen • Brot mit cremigen Aufstrichen reichen • Fleisch gehackt anbieten • Obst z.T. pürieren und mit stückigem Obst mischen

Quelle: Gätjen 2012

Wissen Sie, wer weltweit „wie isst"?

Mit Besteck?	900 Millionen
Mit Stäbchen?	1,2 Milliarden
Mit der rechten Hand?	ca. 4,2 Milliarden

Quelle: Kölsch-Bunzen et al. 2015

orientieren, im Blick zu haben, worauf Eltern eher zugewandt reagieren oder welcher Ort in der Kita von den Eltern gern für ein Gespräch genutzt wird. Ein weiterer förderlicher Aspekt ist, sich mit den familiären Kulturtechniken der einzelnen Kinder zu beschäftigen.

Messer, Gabel, Löffel, Stäbchen, Hand

Selbstverständlich steht mit der aktiven Auseinandersetzung mit Kulturtechniken beim Essen nicht zur Debatte, wie in einer Kita unseres Kulturkreises gegessen wird: Die gelingende Heranführung an eine sichere Handhabung von verschiedenem Besteck ist ein Erziehungsziel. Die bewusste Beachtung anderer Kulturtechniken führt jedoch dazu, den Kindern zu zeigen: „Ihr seid hier willkommen mit euren Erfahrungen und Fertigkeiten. Wir sind daran interessiert, von euch zu lernen. Wir lernen gemeinsam." Wenn Kinder hören: „Bei uns essen wir aber nicht mit den Händen; mit den Händen essen nur kleine Kinder", also erleben, dass die eigene Esskultur ignoriert oder gar abgewertet wird, kann sich das negativ auf das Zugehörigkeitsgefühl auswirken. In gewisser Weise kann hier eine Parallele zu den Erkenntnissen des Mehrsprachenerwerbs gezogen werden: Die nachteilige Wirkung der Abwertung oder des Nicht-Zulassens der Familiensprache im Sprachraum Kita ist bereits hinreichend erforscht. Für den Umgang mit Kulturmerkmalen bei der Beantwortung von Grundbedürfnissen in einer vielfaltsgeprägten Kita liegen noch keine systematischen Erhebungen und Studien vor.

Mit der Hand essen

Gut mit der (rechten) Hand essen können ist eine Kulturfertigkeit! Über 4 Milliarden Menschen auf der Erde sind routiniert darin, Speisen unterschiedlicher Konsistenz mit der Hand zielsicher und sauber zu essen. Diese Kulturfertigkeit wird über das Beobachten der Sippe/der Vorbilder und deren selbstverständliches Vorgehen eingeführt und durch das Selber-Tun trainiert. Abhängig vom Zugang zu Nahrungsmitteln lassen sich deutliche Unterschiede in dieser Technik erkennen.

In der indischen Creche selbstverständlich: essen mit der Hand

Im asiatischen Raum wird der Reis zu einem konsistenten Ball geformt, mit dem sich zum Beispiel Gemüse und Soße aufnehmen lassen. Im afrikanischen Raum hingegen, vor

Reflexionsfrage

Die Beachtung der Kulturfertigkeiten beim Essen fördert das Erleben von Vertrautheit und Gemeinschaft bzw. das Wahrnehmen von Unsicherheit und Fremdheit. Bei einer kultursensiblen Begleitung von Kindern beim Essenlernen und (selber) Essen muss uns die Spannung zwischen vertrauter und unvertrauter Technik bewusst sein – insbesondere dann, wenn das Kind gerade unter Stress leidet, zum Beispiel müde, angeschlagen, in einem Konflikt ist. Welche immense Anforderung ist es, in solch einem Moment hoher Selbstregulation beim Essen eine noch unvertraute Technik (gut) anwenden zu müssen?

Bildungsziel bei uns: mit Besteck eigenständig Essen lernen

allem in Eritrea und Äthiopien, „transportiert" eine Art weicher Sauerteigfladen (Injera) die Speisen in den Mund. Allen Kulturen, die mit der Hand essen, gemeinsam ist die Regel der sauberen Hand, der rechten Hand. Auch gefüttert wird mit der rechten Hand. Menschen mit einer Linkshändigkeit werden systematisch zum Rechtsessen trainiert. Mit der Hand essen ist die natürliche Weise zu essen; etwas begreifen und damit auch eine Speise begreifen ist eine selbstverständliche Handlung. Über das Begreifen erfahren wir etwas über die Beschaffenheit, die Haptik und die Temperatur der Speise. Wir machen uns neben dem optischen Eindruck ein erweitertes Bild, wie die Speise wohl schmecken wird.

In der Art und Weise, wie wir die Speise in den Mund führen, entscheiden wir über die Menge, die wir in den Mundraum geben. Eine alte indische Volksweisheit besagt: Das Essen sollte zuerst mit den Augen, dann mit den Fingern, nachher mit dem Mund, der Zunge und schließlich geschmacklich gekostet werden. Gute Esser achten darauf, dass die Handfläche sauber bleibt und nur mit Daumen und den ersten zwei Fingern gegessen wird (vgl. Fuchs 2016).

Und hier bei uns?

Essen mit der Hand wird oft als ein schnell zu überwindendes Stadium beim Essenlernen verstanden. Mit der Hand essen Kleinkinder – eine Bewertung des Noch-nicht-gut-essen-Könnens. Wie fühlt sich ein Kind, das in seinem familiären Setting selbstverständlich mit der Hand isst und das auch gut kann, wenn es in die Kita kommt, in der selbstverständlich mit Besteck gegessen wird? Es gilt nicht nur zu lernen, das Besteck richtig in die Hand zu nehmen, sondern gleichermaßen die Speise damit sicher zum Mund zu führen. Die sinnliche Wahrnehmung der Speise verändert sich somit umfassend: Mit dem zwischen Hand und Mund geschalteten „Werkzeug Besteck" verändert sich der Bezug zur Speise sowie auch die Sensorik im Mundraum. Essen fühlt sich „anders" an.

Praxistipp

Suppe stippen

In der städtischen Kinderkrippe Sebastian-Kneipp-Straße in Reutlingen wird immer wieder bewusst am Suppentag Brot gereicht. Die Suppe mit dem Brot „stippen", mit dem Stückchen Brot lernen, die Suppe aufzunehmen und zum Mund zu führen, bereitet den Kindern viel Spaß, entspricht dem Wunsch des Mit-der-Hand-essen-Wollens und fördert die Fertigkeiten.

Mahlzeit mal anders

Sind bei Ihnen Kinder und Kolleg(inn)en in der Kita, die aus einer anderen Esskultur kommen? Regen Sie an, eine Mahlzeit mit den Händen und eine mit Stäbchen zu essen. Ermöglichen Sie den Eltern aus dem jeweiligen Kulturkreis, ähnlich wie in Vorlesestunden oder an Singnachmittagen, die Mahlzeit zu begleiten und die Kinder in die andere Kultur einzuführen. Vielleicht möchten sie beispielhaft entsprechendes Geschirr mitbringen? Ein neuer interkultureller Diskurs kann über das Kennenlernen von Kulturtechniken entstehen.

Gemeinsam in der Kita tafeln: Erlebnis und Herausforderung

IV. Das passende Setting: Wann, was, wie essen?

1. Die Akteure im Blick – Einflussfaktoren auf die Ess-Atmosphäre

Werden pädagogische Fachkräfte wie auch Eltern gefragt, welches Ziel ihnen für die Mahlzeitengestaltung in der Kita wichtig ist, lautet die häufigste Antwort: „Gemeinsam essen!" – egal, um welches Alter der Kinder es sich handelt. Gemeinsam essen wird in unserer Kultur mit einer Mahlzeit verbunden, die gleichermaßen für Körper, Seele und Geist wohltuend ist. Ergänzend werden Aspekte genannt wie

- sich zusammen Zeit nehmen,
- miteinander Platz nehmen,
- gemeinsam dankbar sein für die Speise und sie genießen,
- lernen, wie man richtig isst und sich bei Tisch benimmt.

So selbstverständlich es zunächst scheint, so herausfordernd ist es jedoch, eine Mahlzeit für und mit verschiedenen Personen unterschiedlicher Kompetenzen und/oder Kulturen „optimal" zu organisieren. Die Ausgestaltung einer Mahlzeit, also was wir essen und wie wir essen, befindet sich in einem Spannungsfeld zwischen Tradition und gesellschaftlichen Trends. Auch in der Kita-Arbeit finden wir unterschiedliche Formen der Mahlzeitengestaltung, darunter traditionelle und neuere:

- Beim Frühstück die mitgebrachte Brotzeit mit der vertrauten Familienkost zu verzehren ODER gemeinsam das Gleiche zu essen, das durch die Kita eingekauft und vorbereitet wird – im Fachjargon die sogenannte Gemeinschaftsverpflegung.
- Beim gemeinschaftlichen Frühstück die Speisen am Tisch einzudecken ODER diese auf einem Büfett anzubieten.
- Ein sogenanntes offenes oder freies Frühstück in einem ausgewiesenen Zeitfenster zu ermöglichen, in dem jede/-r selbst entscheidet, wann sie/er isst, ODER zu einem festgelegten Zeitpunkt gemeinsam in einer wiederkehrenden Tischgemeinschaft zu essen.

Welcher also ist der richtige Weg? Die Beschäftigung mit den im Folgenden dargestellten Einflussfaktoren unterstützt Sie darin, die passende Antwort für die eigene Kita zu finden – eine allgemeingültige Antwort gibt es nicht.

Einflussfaktoren

Das Schaubild „Einflussfaktoren auf die Kita-Mahlzeit" zeigt, dass die Atmosphäre bei Tisch nicht allein vom oben beschriebenen Setting abhängt. Sie wird mitbestimmt vom Verhalten der pädagogischen Fachkraft (Begleit-/Vorbildfunktion), von den Kompetenzen und Erfahrungen der Kinder (Selbstregulation/-wirksamkeit), von der Organisation der Mahlzeit und dem Speisenangebot. Auch stehen alle Beteiligten unterschiedlich miteinander in Beziehung (s. Schaubild „Interaktionspartner der Kita-Mahlzeit" S. 28):

- Das einzelne Kind hat seine familiären Erfahrungen dabei, orientiert sich an diesen, gerät vielleicht sogar in einen Loyalitätskonflikt.
- Die Gruppe wirkt durch das jeweils verschiedene Essverhalten der beteiligten Kinder auf das einzelne Kind förderlich oder hemmend, anregend oder widersetzend bezogen auf den Genuss der Speise und das Verhalten bei Tisch.
- Die pädagogische Fachkraft begleitet gleichermaßen das einzelne Kind und die ganze Gruppe; sie jongliert zwischen den partikularen Interessen jedes Kindes, den Regeln für die Gruppe und der Wirkung auf den Tagesablauf und die Organisation. Sie steht auch in einem indirekten Bezug zu den Eltern; obgleich diese nicht mit am Tisch sitzen, fühlt sie sich vielleicht Aufträgen oder Erwartungen der Eltern an das Essverhalten verpflichtet. Diese wirken sich wiederum auf das einzelne Kind aus.

Essverhalten, Speisevorlieben und -abneigungen entstehen mit aus den genannten Faktoren und werden „fortgeschrieben" – Kita schreibt Essgeschichte.

Die Erzieherin führt eine Speise ein und bietet sie an

Einflussfaktoren auf die Kita-Mahlzeit

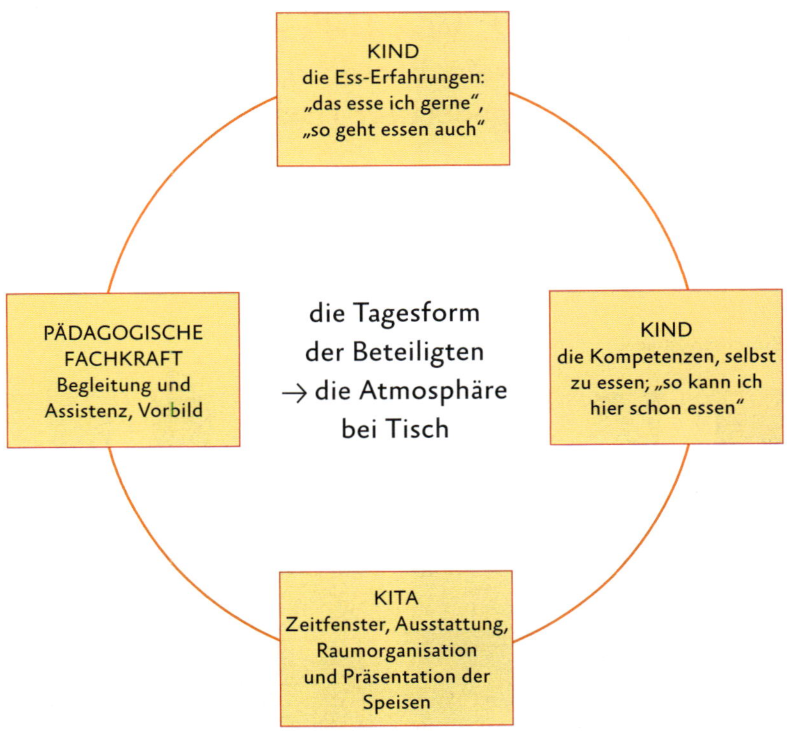

Interaktionspartner der Kita-Mahlzeit

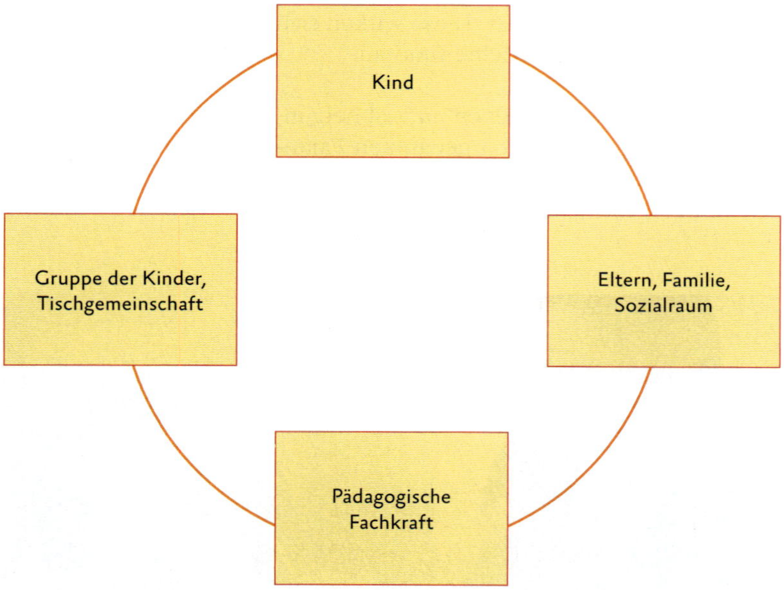

Praxistipp

Mit dem Schaubild der Interaktionspartner lassen sich konflikthafte Entwicklungen in der Tischgemeinschaft analysieren: Beschreiben Sie das aktuelle Handeln der vier Partner. Setzen Sie Pfeile zwischen die interagierenden Personen und beschriften Sie diese mit Botschaften und Handlungen, die die jeweilige Interaktion beeinflussen. Das Sichtbar-Machen der verschiedenen Perspektiven hilft Ihnen, Strategien für Interventionen zu entwickeln.

2. Was darf's zum Frühstück sein: Brotdose, Büfett oder gedeckter Tisch?

Jede Organisationsform hat ihre Vorzüge und Nachteile. Vielleicht unterstützt Sie das folgende Für und Wider – bezogen auf die verschiedenen möglichen Settings von Mahlzeiten –, sich für das zu entscheiden, was aktuell am besten zu Ihrer Kita und den dort „auf Zeit lebenden" Kindern passt. Wichtig ist, dass das Konzept und die Organisation stets den Belangen der Kinder folgen und nicht die Kinder den Belangen des Konzepts und der Organisation.

Brotdosen-Parade!

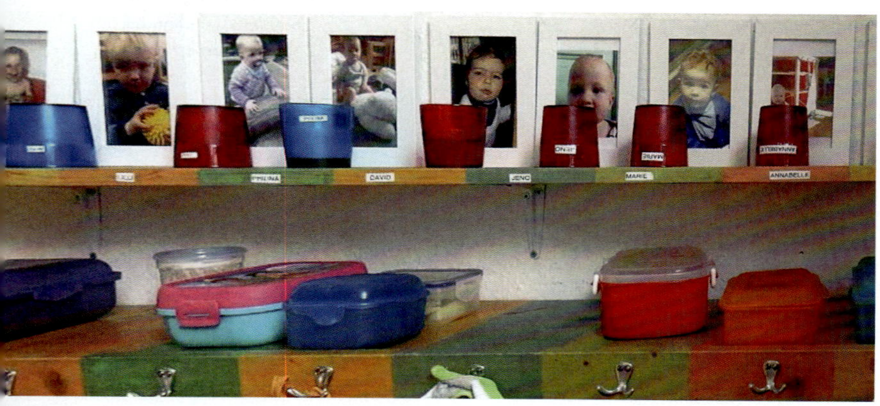

a) Die Brotdose

Etwas mit auf den Weg nehmen, etwas mit auf den Weg bekommen, „in der Fremde" mit dem versorgt werden, was mir schmeckt und mich stärkt – so lassen sich „Brotdosenbotschaften" zusammenfassen. Nicht nur in Bildungseinrichtungen hat mitgebrachtes Essen Tradition; wir finden es selbstverständlich am Arbeitsplatz wieder, sowohl in unserer Kultur als auch zum Beispiel in der indischen (die Lunchbox) oder in den USA (das Sandwich to go).

Das mitgebrachte Essen entlastet Kita, Schule oder Arbeitsplatz von der Erfordernis, Versorgungsstrukturen wie Mensen oder Kantinen vorzuhalten und sich mit den damit einhergehenden Rechtsvorschriften auseinanderzusetzen. Darüber hinaus ermöglicht es jedem, das mitzunehmen, was an Menge, Zusammensetzung und Geschmacksrichtung für diesen Moment sinnvoll erscheint. Der Inhalt unserer Brotdose wird durch unsere Esskultur bzw. die Esskultur unserer Familie definiert. Genau an dieser Definition, was nämlich eine gute Zwischenmahlzeit in der Kita ausmacht, können sich jedoch die Geister scheiden: Wer definiert, was gesund, was vollwertig, was ausgewogen ist? Wer definiert, welche Zusammensetzung ein Frühstück oder eine Zwischenmahlzeit in der jeweiligen Kultur hat? Gibt es Definitionen, was kulturelle Pflicht ist und was Kür? Welchen Anteil am täglichen Gesamtbedarf eines Kindes hat der Inhalt der Dose? Und wer legt fest, ob darin besser Selbstgemachtes oder Gekauftes unterkommt und wie es verpackt ist? Und kann es sein, dass Kinder aus Kulturen kommen, in denen ein Mitnehmen von Mahlzeiten in Bildungseinrichtungen gar nicht üblich ist? Fragen über Fragen entstehen und verdeutlichen: Eine (einzige) Antwort kann es nicht geben. Die Brotdosenkultur lädt alle Beteiligten – Fachkräfte, Eltern, Träger und Kinder – zu einem mehrperspektivischen und kultursensiblen Blick ein. Die folgenden

Ausführungen geben Impulse, die oben genannten Fragen rund um die Brotdosenkultur im eigenen Team zu erörtern.

Bericht aus der Praxis

Das Montessori-Kinderhaus in Freiburg pflegt in seinen Krippengruppen bewusst eine Brotdosenkultur für das zweite Frühstück; Mittagessen und Nachmittagssnack werden durch die Kita im Rahmen einer Verpflegungskonzeption entwicklungsgerecht – unter Beachtung der verschiedenen religiösen Vorschriften – gestaltet. Die persönliche Brotdose dient als „Starterpaket" in den Kita-Tag. Ein Großteil der Kinder stellt nach dem Ankommen die Dose zwar kurz an den vorbereiteten Platz im Regal, stattet dann aber zeitnah den kleinen Essplatz mit Set, Teller, Glas und Besteck aus. In dieser ersten Runde geht es kaum ums Aufessen. Der Eindruck entsteht, dass es sich um eine Art Ankommensritual handelt: Schauen, was ich mit auf den Weg bekommen habe. Schauen, was die anderen am Tisch dabeihaben. Unterschiede feststellen und kennenlernen, mal bei den anderen kosten. Mich stärken für den Anfang und dabei vom Tisch aus den Blick schweifen lassen, wer heute da ist und was „so geht".

Die Erzieherin, die das zeitlich offene zweite Frühstück begleitet, beschreibt den Inhalt der Dose als Anlass, ins Gespräch zu kommen. Er wird nicht bewertet, denn kein Kind soll durch das mitgebrachte Essen in einen Loyalitätskonflikt zwischen Familie und Kita geraten.

Als sich im Team die Diskussion um gesunde Nahrung in der Brotdose und das Vermeiden von Abfall durch Umverpackungen ergab, wurden in einem Infobrief Empfehlungen zur Bestückung der Brotdose ausgesprochen und zu bevorzugende wie zu vermeidende Nahrungsmittel genannt. Die Resonanz aus der Elternschaft war heftig. Die als „Vorgaben" empfundenen Empfehlungen wurden mit Argumenten abgelehnt wie beispielsweise:

- „Ein Schokocroissant ist französische Esskultur und gehört genau wie die Rohkost in die Brotdose."
- „Nochmals umverpackte Lebensmittel sind ein Zeichen von Hygiene, das ist in unserer italienischen Esskultur wichtig; darauf werden wir auch für unser Kind nicht verzichten."
- „Müsli löst Blähungen aus! Ein warmes, in Fett ausgebackenes Gemüse gehört auf unseren thailändischen Frühstückstisch, also auch in die Dose unseres Kindes."
- „Das Stückchen vom Sonntagsschokokuchen in der Brotdose ist Erinnerung an die Familienzeit; egal, ob süßer Kuchen als ‚No-Go' auf der Liste steht."

Was gehört (nicht) hinein?

Schon diese vier unterschiedlichen, (familien-)kulturbezogenen Positionen zeigen, dass sich diese Frage nicht abschließend klären lässt. Den Inhalt der „richtigen" Brotdose zu definieren, stellt eine Herausforderung dar. Die Frage, die daran anschließt, nämlich was „gesund" ist, ist dabei noch nicht erörtert und stellt sich wohl in jeder Kita – egal, ob es um den Zuckergehalt, den Fettgehalt, um sättigende oder „leere" Kohlehydrate, Molkereiprodukte oder eine zugesteckte Süßigkeit geht. Wird ein Weizenfladenbrot aus der türkischen Küche erst dann ungesund, wenn es nicht mit Melone und Schafskäse, sondern mit Butter und Schokoladenaufstrich verköstigt wird? Betrachten wir ausschließlich den Anteil gesättigter Fettsäuren und den Zuckeranteil, so kann es als ungesund bewertet werden. Nicht im Blick haben wir dabei, wie sich diese Kost in die Tagesspeisekarte des Kindes einordnet und ob das die einzige süße und fetthaltige Mahlzeit ist. Beschäftigen wir uns damit genauer, relativiert sich gegebenenfalls das erste Urteil.

Darf Süßes mit dazu?

Das Crossover-Essverhalten zwischen den Kulturen macht die Frage der „richtigen Brotdose" nicht einfacher. Weniger kulturbezogen als trendorientiert verläuft die Diskussion um sogenannte Kinderlebensmittel: der Minikäse, die kleine Fruchtquarkzubereitung, der Smoothie, das pürierte Karottenmark, besondere Kinderbackwaren oder die neuen Züchtungen besonders kleiner und süßer Tomaten und Gurken – verpackt in kleinsten Plastikdöschen, extra für die Jüngsten. Aus Sicht der Ernährungswissenschaften gilt eindeutig: Industriell hergestellte Kinderlebensmittel sind für die Entwicklung eines Kindes nicht erforderlich. Logopäd(inn)

Die bei uns als ideal definierte gesunde Obstdose

en melden zurück, dass der oft breiige Charakter vieler neuer Kinderlebensmittel eine nachteilige Wirkung auf die Artikulation und damit den Spracherwerb hat.

Eltern mit unterschiedlichen Bildungs- und Erfahrungshintergründen wie auch pädagogische Fachkräfte tun sich auf dem viel umworbenen Markt der Kindernahrungsmittel schwer mit der Bewertung. Ein striktes, unbegründetes Nein zu Kindernahrungsmitteln führt vermutlich nicht zur Nachvollziehbarkeit. Eltern wollen für ihr Kind das Beste; sie legen daher auf dessen Versorgung/Ernährung außerhalb des Elternhauses großen Wert. Für eine gelingende Kooperation mit den Eltern empfiehlt es sich, die eingangs beschriebenen Wirkfaktoren auf Mahlzeiten aufzuzeigen und den Balanceakt zwischen Familienesskulturen und der Praxis im Kita-Alltag zu thematisieren, denn Eltern sehen verständlicherweise in erster Linie ihr eigenes Kind. Zur Lösung des Dilemmas, was eine gesunde Brotdose idealerweise beinhaltet, bietet sich ein thematischer Elternabend, gegebenenfalls unterstützt durch eine Ökotrophologin, an. Der Vorteil ist, dass die Botschaft dann von dritter Seite kommt und die Kooperationsbeziehung Eltern-Fachkraft nicht beeinträchtigt.

Infotipp

- In allen Bundesländern finden Sie die Informationen der Vernetzungsstellen. Dort gibt es kostenfreie Beratungs- und Unterstützungsangebote für Ernährungsbildung und Beratung in Ernährungsfragen: www.dge-bw.de/vernetzungsstelle-kita-und-schulverpflegung.html
- Umfassende Infos zur Speiseplanung bietet die DGE in ihrem FIT-KID-Programm: www.fitkid-aktion.de/qualitaetsstandard/rezeptdatenbank/wochenspeisenplaene.html. Hier besteht auch die Möglichkeit der Zertifizierung der Anbieter – ein Qualitätsmerkmal, das Orientierung bietet.

Mitgebrachtes Essen birgt also auch Herausforderungen. Mehr und mehr entscheiden sich Kitas – insbesondere die mit Ganztagsbetrieb – deshalb dafür, einen Speiseplan zu gestalten, der alle Mahlzeiten einbezieht. Er wird ernährungsphysiologisch ausgearbeitet, achtet auf entwicklungsgerechte Nahrung und Zubereitung und berücksichtigt religiöse und individuelle Vorgaben gegebenenfalls in Sonderkostformen.

b) Das Frühstücksbüfett

In einem gesondert ausgewiesenen Raum oder Raumbereich sind für Krippenkinder 4–5 Plätze, für ältere Kinder verschiedene Tischgruppen zum Frühstück vorbereitet.

Für die Krippe gilt: 4 oder 5 Komponenten werden zur Wahl gestellt. Sie sind in kleinen Portionsschälchen vorbereitet und erleichtern dem Kind gleichermaßen die Auswahl und das Zugreifen. Die pädagogische Fachkraft begleitet den Prozess des Auswählens durch das Benennen der Komponenten und ein gezieltes zusätzliches Anbieten: „Du hast Frischkäse und Paprika gewählt. Hier in dem Körbchen liegen Brot und Reiswaffeln. Willst du Brot oder eine Reiswaffel für den Frischkäse?"

Komponenten zum Frühstück klar erkennbar und voneinander getrennt präsentiert

Die Nahrungsmittel sind auf einem kleinen, gut einsehbaren, idealerweise fahrbaren Tischchen oder Wagen angerichtet. So kann der Frühstücksbüfettwagen zum Kind kommen und nicht das Kind zum Büfett. Damit werden zum einen Überforderung durch das Tragen verschiedener Komponenten und zum anderen große Betriebsamkeit durch Hin- und Hergehen vermieden. Darin liegen folgende Vorzüge:

- Aufgrund der Konzentration auf einen Raumbereich haben die Kinder eine gute Orientierung, was wo zu tun ist.
- Die mit dem Essen einhergehende Verschmutzung konzentriert sich dort und wandert nicht in den Spielbereich.
- Kinder, die in einer offenen Frühstückszeit zum Essen kommen, finden immer einen ansprechenden Wagen und einen sauberen, vorbereiteten Platz vor.
- Jedes Kind wählt selbst aus, entscheidet, worauf es Appetit hat.

In der Krippe rollt der Wagen nach dem Auswählen wieder zu Seite, damit sich das Kind auf die ausgewählten Komponenten, die direkt vor ihm stehen, konzentrieren kann. Für die über 3-Jährigen gilt: Die Kinder wählen aus einem übersichtlich aufgebauten Büfett, das nicht mehr als 5–6 Komponenten enthält. Sie essen – in einem ausgewiesenen Zeitfenster – dann, wenn sie Hunger/Appetit haben. So gelingt es besser, das Kita-Frühstück auf die davorliegende Mahlzeit in der Familie abzustimmen: Frühaufsteher und Spätesser erhalten gleichermaßen einen für sie stimmigen Mahlzeitenzeitraum. Mögliche Nachteile sind:
- Das Kind entscheidet sich für alle Komponenten und schafft die gewählte Menge nicht, woraus bei wiederholtem Mal ein Konflikt entstehen kann.
- Das Kind entscheidet sich nur für eine Komponente. Dann muss festgelegt werden, ob diese Komponente allein gegessen werden darf, und wenn ja, über welchen Zeitraum.
- Es wollen zu viele Kinder gleichzeitig zu einem bestimmten Zeitpunkt essen; die Kapazitäten in der Begleitung durch die Fachkraft reichen für die Kompetenzen und Assistenzanforderungen der Kinder nicht aus.

c) Der vorbereitete und eingedeckte Frühstückstisch

In einem gesonderten Raum/abgegrenzten Raumbereich oder im Gruppenraum selbst ist der Tisch für alle Kinder, die in dieser Gruppe sind, vorbereitet. Die Komponenten sind eingedeckt. Auch hier empfiehlt es sich, kleine Portionen vorzubereiten, um den Ablauf ohne Wartezeiten zu ermöglichen. Je nachdem, was das Skript, also die konkrete Abfolge der Mahlzeit, vorsieht (s. Kapitel IV.3), können auch bereits Geschirr, Besteck und Getränk jeweils an einem für das einzelne Kind ausgewiesenen Platz eingedeckt sein. Der Vorzug liegt darin, dass alle Kinder dieselben Voraussetzungen vorfinden, wenn sich die Tischgemeinschaft zu einem festgelegten Zeitpunkt zur gemeinsamen Mahlzeit begibt. Außerdem haben die Kinder alle Teilnehmer und immer alle Speisen im Blick. Mögliche Nachteile sind:
- Nicht alle Kinder haben zum selben Zeitpunkt morgens Appetit; eine Anpassung an das familiäre Frühstück ist wenig bis gar nicht möglich.
- Wird im Gruppenraum gegessen, muss die Übergangssituation ins Aufräumen und Eindecken bei gleichzeitiger freudiger Ungeduld der Krippenkinder beachtet werden. Können alle diesen Übergang ohne Stress und Frustration bewältigen?
- Ist es möglich, die unterschiedliche Kompetenz der Kinder gleichrangig für alle zu beantworten? Kann der erforderliche Assistenzbedarf ohne zu lange Wartezeiten für die Jüngeren erfolgen?

d) Der individuell vorbereitete Frühstücksteller in der Krippe

Unter Beachtung der gemeinsamen Frühstückskarte werden für die Kinder entsprechend ihren Kompetenzen kleine Tabletts vorbereitet, auf denen das bevorzugte Besteck und bestimmte Komponenten vorbereitet sind (z.B. Apfel, geschnitten bzw. geschält), damit das Kind diese direkt verzehren kann. Vom „gemeinsamen Tisch" kommt Wasser oder Tee, Brot, Butter etc. Der Vorteil dabei: Wollen im freien Frühstück mehrere Kinder mit unterschiedlichen Fertigkeiten gleichzeitig frühstücken, kann die Fachkraft die vorbereiteten Tabletts holen und jedem Kind entsprechend anbieten. Insbesondere für die Beantwortung der Bedürfnisse der Jüngsten entsteht hier eine gute Ausgangslage im eng getakteten Alltag. Das Kind findet vor, was ihm schmeckt; es fühlt sich verstanden. Mögliche Nachteile sind:

Über die selbst kreierten Brote locker im Gespräch

- Die Vorgaben für die Tabletts müssen entsprechend der Entwicklung der Kinder immer wieder neu aufgesetzt werden; Zeit für die Beobachtung der Kompetenzentwicklung und der „Nachsteuerung“ muss eingeplant werden.
- Das Kind ist mit der vorgegebenen Auswahl nicht zufrieden und wünscht andere Komponenten.
- Es können Konflikte zwischen den Kindern aufgrund der unterschiedlich vorbereiteten Tabletts entstehen. Die Fachkraft ist gefordert, die Unterschiede in der Gruppe der Kinder zu erläutern.

3. Gesittet bei Tisch?

Egal, für welches Mahlzeiten-Setting Sie sich in Ihrer Einrichtung entschieden haben, die Frage nach den Tischsitten, die Sie einführen wollen, gilt. Denn „Tischsitten stellen einen Verhaltenskodex dar, der dazu dient, den gemeinsamen Genuss von Speisen allen Anwesenden so angenehm wie möglich zu gestalten (...). Durch die Einhaltung von Tischsitten wird Rücksichtnahme und Wertschätzung demonstriert“ (Diebold 2016).

Sind Sie dem entnervten Ausspruch „Macht ihr das zu Hause etwa auch so?“ schon mal begegnet? Oder selbst damit konfrontiert worden? Die Frage nach den richtigen Sitten bei Tisch ist in der Kita-Arbeit ein ständiger Begleiter. Sich bei Tisch kultiviert zu benehmen, ist ein Erziehungsziel, das Eltern gern auch in der Kita umgesetzt wissen wollen – schon bei den Jüngsten. Doch können bei diesem Thema schon lange keine Allgemeinplätze mehr bedient werden: Die Vielfalt der Familien bringt eine Vielfalt an kulturellen Hintergründen mit sich. Es empfiehlt sich, die Vereinbarungen bezüglich der Tischsitten in der Kita (vgl. Kapitel III.3) über Skripte (vgl. Kapitel V.1) festzuhalten und auszudifferenzieren. In der Zeit des Ankommens sollte jedes Kind die Möglichkeit haben, sich nach dem Wechsel vom einen Betreuungssetting (Zuhause) in das andere (Kita) zu orientieren (vgl. Kapitel III.2). Als Leitfrage bietet sich an: „So ist es bei uns hier in der Einrichtung. Und wie ist es bei euch zu Hause?“ Bezogen auf den Beginn einer Mahlzeit könnte die pädagogische Fachkraft beispielsweise ausführen: „Bei uns in der Kita fangen wir gemeinsam an zu essen, wenn jede/-r etwas auf seinem Teller hat und wir uns guten Appetit gewünscht haben. Und wie macht ihr das zu Hause?“

Dilemma-Situationen können so reduziert, aber vermutlich nicht völlig aufgehoben werden: Schließlich verhalten sich Kinder intuitiv entsprechend den Tischsitten ihrer jeweiligen Kultur bzw. ihrer Familie, die gegebenenfalls konträr zu denen der Kita sind. Die Einrichtung fordert vom Kind ein bewusstes Switchen zwischen den Betreuungswelten, was eine weitere erhebliche Anpassungsleistung bedeutet, die ein Kind beim Essen(kennen-)lernen bewerkstelligen muss.

Aus der Praxis für die Praxis

Am Kita-Mittagstisch einer Runde Kinder im Vorschulalter aus verschiedenen Kulturen beginnt ein Junge plötzlich, sicher und routiniert mit der rechten Hand zu essen. Die anderen Kinder bemerken dies und reagieren: „Schau, der isst mit der Hand, wie ein kleines Kind. Der kann gar nicht essen.“ Die Erzieherin mahnt zur Ruhe. Sie glaubt, den Hintergrund dieses ungewohnten Verhaltens zu kennen: Im Laufe des Vormittags hatte der Junge etliche herausfordernde Situationen zu bewältigen. Er war sichtlich angespannt und müde an den Esstisch gekommen. In seiner familiären Kultur wird selbstverständlich mit der rechten Hand gegessen, auch hier in Deutschland. In der Kita hat er die Nutzung von Besteck gelernt und beherrscht diese sicher. Nun vermutet die pädagogische Fachkraft, dass der Junge in dieser Situation von Anspannung und Müdigkeit in seiner Selbstregulation ganz selbstverständlich auf die ihm vertrauten Handlungsweisen aus seiner familiären Esskultur zurückgegriffen hat. So wie ein Mensch, dessen Familiensprache eine andere als seine Verkehrssprache ist, in emotional berührenden Situationen plötzlich von der Verkehrssprache in die eigene Emotions- bzw. Familiensprache wechselt. Die Erzieherin spürt, dass der Junge in genau dieser Situation ihren Respekt und ihr Verständnis braucht, nicht jedoch Ablehnung. Durch Kritik an seinem Verhalten würde er eine Abwertung seiner Kultur und seiner Familie erfahren – eine schwierige, wenig vertrauensbildende Botschaft. Sie stimmt daher nicht in die – aus Sicht der Kinder und ihrem Verständnis von Tischsitten nachvollziehbare – Kritik ein, sondern versucht, Respekt gegenüber der Leistung des Jungen und seinen Fertigkeiten auszudrücken. Sie spricht über verschiedene Kulturtechniken und kündigt an, beim nächsten Mittagessen alle einzuladen, mit der Hand zu essen. Schnell kann dann deutlich werden, mit wie viel Geschicklichkeit das Mit-der-Hand-Essen verbunden ist (von der Autorin entworfenes Szenario in Anlehnung an einen Erfahrungsbericht von Heike Hermann, GEW Baden-Württemberg).

Tischsitten weltweit

Rund um die Welt existieren Tischsitten, die – angewendet in unserer westeuropäischen Tischkultur – Irritation erzeugen. Wussten Sie das schon?

Indien
Schlürfen ist ein Zeichen dafür, dass das Essen besonders gut schmeckt. Tischgespräche sind unüblich. Es wird schnell und konzentriert gegessen.

China
Niemals bei Tisch die Nase schnäuzen, die „Ausbeute" betrachten und das gebrauchte Taschentuch wieder in die Hose stopfen. Man geht zum Naseputzen auf die Toilette.

USA
In den USA wünscht man sich keinen „Guten Appetit", sondern beginnt einfach mit dem Essen.

Afghanistan
Manchmal ist es auch üblich, gemeinsam von einem Teller zu essen. Bedienen Sie sich dann nur mit Speisen aus Ihrer Tellerecke!

Japan
Es ist nicht üblich zu warten, bis alle Speisen aufgetragen sind oder bis die anderen am Tisch mit Essen beginnen. Sobald die erste Schüssel auf dem Tisch steht, beginnt man mit dem Essen.

Großbritannien
Ein Stück wird abgeschnitten, das Messer abgelegt, die Gabel in die rechte Hand gewechselt und der Bissen gegessen. Dann werden wieder beide Besteckteile in die Hände genommen und das Ganze geht von vorne los.

Senegal
Wer satt ist, steht sofort auf und setzt sich woanders hin. Es gilt als unhöflich, sitzen zu bleiben, während die anderen noch essen.

(vgl. Diebold 2016)

4. Das Frühstück zur Ernährungsbildung nutzen

Alle Formen der institutionellen Kindertagesbetreuung eint, dass sie Zeit für ein zweites Frühstück vorsehen, auch Imbiss oder Vesper (Süddeutschland) genannt. Dieses zweite Frühstück ist gleichermaßen die erste Mahlzeit in der Kita und die Essbrücke zur vorangegangenen, „letzten Mahlzeit daheim". Gut frühstücken, im Kreis der Familie den Tag behutsam und gesättigt beginnen – so sind wir den Anforderungen „der Welt draußen" gewachsen. Das kann durchaus als Frühstücksglaubenssatz für die in Deutschland vorherrschende Esskultur beschrieben werden. Ein Kind, das stets, ohne gefrühstückt zu haben, in die Kita kommt, oder eines, das nur „schnell" eine Milchflasche im Auto oder Kinderwagen getrunken hat, wird nicht selten kritisch beargwöhnt. Wird aber dabei die Kultur und die Lebensorganisation der Familie ergänzend betrachtet? Vermutlich weniger, wenn wir das zumeist persönlich geprägte Bewertungsschema eines guten Frühstücks zugrunde legen. Wollen wir dem Start in den Kita-Tag einmal mehr eine (ess-)kulturelle Brücke zwischen Familie und Einrichtung bauen, gilt es, einen Blick auf die Frühstücksteller anderer Kulturen zu werfen. Gibt es dort Frühstück? Gibt es dort morgendliche Mahlzeiten in Bildungseinrichtungen, und wenn ja, wie werden diese gestaltet? Gemeinschaftlich oder individuell? Die drei folgenden Frühstücksmodelle laden zur Nachahmung und Weiterentwicklung ein. Sie geben Anregungen für eine interessante, an Bildungsanlässen reiche und kultursensible Ausgestaltung.

> Clap your hands and stamp your feet.
> Here comes something good to eat!
> Enjoy your breakfast.
>
> (aus: Pape 2012)

Muh, muh, muh, so ruft im Stall die Kuh.
Sie gibt uns Milch und Butter,
wir geben ihr das Futter.
Muh, muh, muh, so ruft im Stall die Kuh.

(aus: Volksliederarchiv)

Das rote Frühstück

… ist ein Beispiel aus dem städtischen Kinderhaus Pestalozzistraße 90/92 in Reutlingen. Den Kindern werden gezielt bekannte rote Frühstückskomponenten wie Tomaten, rote Paprika, Himbeeren und Erdbeerfruchtmus angeboten, neben den Komponenten Brot, Frischkäse oder Butter. Zu trinken gibt es kalten, säurearmen Früchtetee. Das rote Frühstück gibt Anlass, über die Sensorik, den Geschmack (schmecken alle Speisen, die rot sind, gleich?) und die Optik (verschiedene Rottöne roter Lebensmittel) zu sprechen. Für ältere Kinder bietet sich, wenn der größte Hunger gestillt ist, an, die Komponenten des roten Frühstücks anhand der aid-Ernährungspyramide den Lebensmittelgruppen zuzuordnen und zu prüfen, wie viel des Tagesbedarfs der jeweiligen Lebensmittelgruppe nun genau gedeckt worden ist. Diese Form der integrierten Ernährungsbildung lässt sich zum Beispiel um die Besprechung des Herkunftslands und den Erntezeitpunkt der einzelnen roten Lebensmittel erweitern.

Das Klimafrühstück

… bietet eine Perspektive für die älteren Kita-Kinder auf das eigene Frühstück, eingebunden in Bildung für nachhaltige Entwicklung (BNE). Wo wachsen eigentlich die Bestandteile unseres Frühstücks? Haben sie einen Transportweg hinter sich und wie lange ist der? Welche unserer Lebensmittel wie zum Beispiel Wurst oder Molkereiprodukte erfordern mehrere Schritte? Die Kuh frisst Gras, damit sie Milch gibt. Die Milch muss verarbeitet werden, bevor Joghurt oder Käse entsteht. Durch all diese Prozesse entsteht klimabelastendes Kohlendioxid. Ohne geht es leider nicht, aber wir können durch die Wahl unserer Nahrungsmittel dazu beitragen, dass weniger ausgestoßen wird. Mithilfe einer CO_2-Tabelle ermittelt die pädagogische Fachkraft im Vorfeld die CO_2-Werte der einzelnen Frühstückskomponenten und überträgt sie auf bebilderte Kärtchen. Die Kinder ordnen die Kärtchen den auf dem Tisch stehenden Nahrungsmitteln, etwa den Kohlrabi-Sticks, dem Vollkornbrot, dem Honig, zu: So wird die Energiebilanz jedes Einzelnen erstellt. Die älteren Kita-Kinder können schon ganz gut unterschiedliche Zahlenwerte erfassen und ein Problembewusstsein dafür entwickeln, wenn der Honig aus Südamerika kommt statt vom Imker im Nachbarort. Eine Tabelle mit den CO_2-Emissionen für Lebensmittel finden Sie unter www.klimabuendnis-koeln.de/ernaehrung. (Die Idee des Klimafrühstücks ist entnommen aus Fritz/Schubert 2015.)

Infotipp

- Informationen zur aid-Ernährungspyramide finden Sie unter www.aid.de/ernaehrung/ernaehrungspyramide.php
- Informationen zu saisonalen Lebensmitteln unter www.aid.de/verbraucher/saisonkalender.php

Literaturtipp

Fritz, Lubentia/Schubert, Susanne (2015): Bildung für nachhaltige Entwicklung. kindergarten heute – praxis kompakt. Freiburg: Herder. Das Heft bietet Ihnen einen guten Einstieg ins Thema mit vielen praktischen Ansätzen für den Kita-Alltag.

Unsere Frühstückskarte entsteht

Auch wenn im Rahmen einer Gemeinschaftsverpflegung das zweite Frühstück immer unter Beachtung der Nährwerte der eingesetzten Lebensmittel zusammengestellt werden sollte, können Kinder bei der Ausgestaltung der einzelnen Tage mitplanen und mitwirken. Die Woche bekommt mit einem Müsli-Tag, Aufstrich-Tag, Fruchtmus-Tag, Käse-Tag und Obst-Tag einen verlässlichen Rhythmus. An diesen im Speiseplan thematisch festgelegten Tagen gibt es viel zu tun. So können die Kinder beispielsweise am

- Müslitag: die Haferflocken quetschen, das Frischkorn ansetzen, die Zutaten für das Birchermüsli zusammentragen, Frischkorn mahlen.
- am Aufstrichtag: neben der Mithilfe bei der Wochenbestellung von Aufstrichpasten vegetarische Aufstriche auch einmal selber herstellen.
- am Fruchtmustag: im Frühjahr selber Fruchtmus aus frischen Früchten herstellen.

Selber Frischkorn zum Frühstück mahlen

Literaturtipp

Aladjidi, Virginie/Tchoukriel, Emmanuelle (2011): Kiwi, Kürbis, Kokosnuss. Hildesheim: Gerstenberg. Das wunderschön gezeichnete Bilderbuch stellt 100 Obst- und Gemüsesorten sowie Gewürze von Abate fetel bis Zwiebel dar – ein sehr ansprechendes Nachschlagewerk.

Merthan, Bärbel/Stamer-Brandt, Petra (2014): PIKO-Ordner Körper & Sinne. Freiburg: Herder. Hier finden Sie eine vielfältige Materialsammlung mit Handbuch, Kartenset und Postern von Vitaminpiraten und Herkunftsorten.

Schürmann-Mock, Iris/Radünz, Armin (2010): Mahlzeit, Kinder! Ernährungstipps und Rezepte für eilige Eltern. Düsseldorf: Verbraucherzentrale NRW. In der Rubrik „Kalte Küche" ab S. 102 finden auch eilige Erzieher/-innen jede Menge leckere Rezepte und gute Ideen zur Gestaltung des Frühstücks. www.verbraucherzentrale.de

Speisen-Archiv

Haben Sie schon mal an den Aufbau eines interkulturellen Speisenarchivs gedacht? Auch wenn es nicht in jeder Kultur das typische Essen gibt, kann der Aufbau eines Archivs dennoch Tendenzen abbilden. Unter dem Motto „So geht Frühstücken in ..." oder „Speisen zum Geburtstagsfest bzw. Speisen zu gesellschaftlich und/oder religiös relevanten Festen in ..." führen Sie die Speisen, ihre Zusammenstellung und vielleicht sogar Rezepturen zusammen. Möglicherweise ist interessant zu ergänzen, welches Prestige bestimmte Nahrungsmittel/Speisen im jeweiligen Land haben, was mit ihnen verbunden wird, ob es sie zu bestimmten Zeiten im Jahr gibt, ob sie für Wohlstand oder für Armut stehen u. Ä.
Tipp: Wenn Sie aus jedem Elterngespräch rund ums Essen einen Aspekt in Ihr Archiv aufnehmen, entsteht schnell eine wahre Fülle interkultureller Kenntnisse.

Mit dem Vierer-Essbesteck
ist mein Essen ganz schnell weg.
Mit dem Ritsch-Ratsch-Messer
schmier und schneid ich immer besser.
Mit dem Löffel, mit dem Großen,
ess ich Suppen und auch Soßen.
Mit dem Löffel, mit dem Kleinen,
ess ich Joghurt ganz alleine.
Und die große Dreizack-Gabel,
piekt die Pommes in mein' Schnabel.

(Mechthild Wessel/Brigitte vom Wege)

Mithelfen macht's möglich: Abläufe rund um die Mahlzeit kennen- und verstehen lernen

V. Die Organisation gelingender Mahlzeiten

1. Fünf Grundsätze für einen entspannten Ablauf

Hunger, Durst und Genuss – kann es tatsächlich gelingen, diesen scheinbaren Widerspruch bereits durch eine vorausschauende Organisation der gemeinschaftlichen Mahlzeit aufzulösen? Vorab: Bei der Organisation von Mahlzeiten in der Kita gibt es weder den Königsweg noch das Patentrezept. Allerdings kann die regelmäßige Beachtung der folgenden fünf Merkmale gelingender Mahlzeiten sehr wohl dazu führen, dass diese wohltuend für alle Beteiligten sind:

1. Den Kindern Orientierung im Ablauf bieten
2. Die Umgebung vorbereiten, den Bedürfnissen der Kinder anpassen
3. Klare Platzzuweisungen vornehmen
4. Aufstehen/Bewegung während des Essens vermeiden
5. Vermitteln, dass jeder bekommt, was er braucht

> Wir sitzen zusammen, der Tisch ist gedeckt,
> wir wünschen uns allen, dass es gut schmeckt.
>
> (aus: Lustige Tischsprüche)

Ob eine Mahlzeit als gelungen erlebt wird, hängt wesentlich von den im Folgenden beschriebenen Interaktionen und Wechselwirkungen zwischen Akteuren, Planung und Ausstattung ab.

1. Orientierung im Ablauf

Der Verlauf einer Mahlzeit wird so gestaltet, dass gerade in der Zeit des individuellen Erlebens von Hunger und Durst Orientierung und Sicherheit so weit wie möglich gewährleistet sind. Konkret bedeutet das: Die Kinder wissen, wenn dieses geschieht, folgt darauf jenes. Dabei gilt es, sowohl die Aktivitäten, die unmittelbar vor Beginn der Mahlzeit liegen, als auch jene, die auf die Mahlzeit folgen, im Blick zu haben (Mikrotransitionen). Beispiele: Immer dann, wenn der Korb mit den feuchten Tüchern herumgeht, kommt gleich das Essen. Immer dann, wenn ich das kleine Set gereicht bekomme, folgen Teller und Besteck. Immer dann, wenn das Glöckchen am Ende der Mahlzeit ertönt, darf ich aufstehen und Teller, Besteck, Glas und Latz zu den vorbereiteten Behältern bringen.

Skripte (vgl. Gutknecht 2015) werden verbindlich im Team, entsprechend den Kompetenzen der Kinder, erarbeitet. Sie sichern einen im positiven Sinne gleichförmigen Ablauf. Aufbauend auf ein Grundskript können für die älter werdenden Kinder komplexere

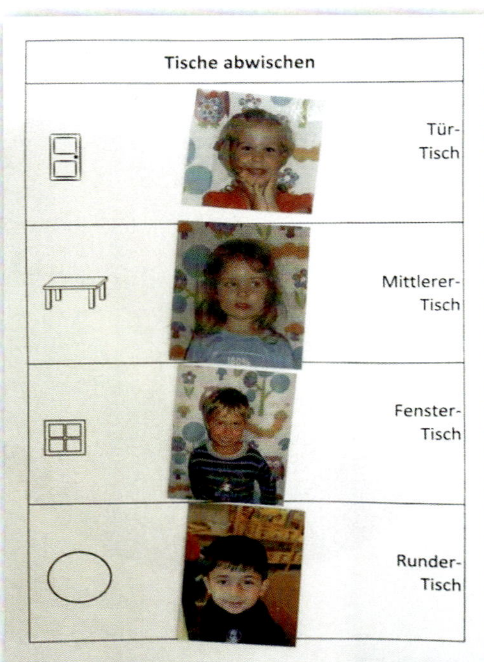

Tischdienste – klar doch!

Praxistipp

Bebilderter Speiseplan

Fotografieren Sie systematisch die Komponenten sowie die mit diesen angerichteten Teller und erstellen Sie so eine neue Form der bebilderten Tagesspeisekarte. An der Infowand im Eingangsbereich angebracht, erleichtert sie Kindern und auch Eltern, die die deutsche Sprache nicht lesen können, die tägliche Orientierung. Sie bietet außerdem jede Menge Sprachanlässe beim morgendlichen Kommen und nachmittäglichen Gehen.

Schöpf-Regeln

Vereinbaren Sie die Regel, dass in der Krippe die pädagogische Fachkraft die erste Runde des Essens ausgibt und die Teller am Tisch, nach Rücksprache mit dem jeweiligen Kind und in seinem Blickfeld, füllt. Das geht schneller, der erste Hunger wird gestillt und beim Nachholen können die erforderlichen Kompetenzen mit deutlich mehr Geduld trainiert werden. Ältere Kinder hingegen können die Wartezeit, die entsteht, wenn sich die Kinder selbst schöpfen, schon besser aushalten – ein Lernfeld! Es empfiehlt sich, eine Schöpfregel zu vereinbaren: Von welcher Komponente können wir in der ersten Runde jeweils wie viel schöpfen, sodass es für alle reicht?

Literaturtipp

Franz, Margit (2016): Mahlzeit! Der Kita-Speiseplan in Bildern. München: Don Bosco.
Wer nicht selbst fotografieren möchte, kann mit den über 200 Fotokarten aus der Sammlung arbeiten.

Viele kleine Fische
schwimmen heut zu Tische.
Sie reichen sich die Flossen,
und dann wird schnell beschlossen,
jetzt nicht mehr zu blubbern,
sondern was zu futtern.

(aus: Pape 2012)

Ansprechend eingedeckt – auch mit ungewöhnlich anmutendem Geschirr

Skripte eingeführt werden. So entwickeln sich stützende Routinen, Über- und Unterforderung aufgrund fehlender Orientierung werden vermieden.

2. Angepasste, vorbereitete Umgebung

Der Rahmen der Mahlzeit orientiert sich stets an den Kompetenzen und Bedürfnissen der Kinder:

- unterschiedliche Essenszeiten für verschiedene Kompetenzgruppen anbieten;
- die Möblierung auf die Kinder abstimmen, damit diese gut hantieren können (vgl. Kapitel V.2);
- die Tischgemeinschaften überschaubar halten, damit sich die Teilnehmenden an Gruppengröße und Gruppenzusammensetzung orientieren und in ein genussvolles Essen kommen können;
- Besteck und Geschirr für das einzelne Kind individuell auswählen, sodass es seinen Kompetenzen und dem Wunsch nach Selbsttätigkeit entspricht;
- beim Vorlegegeschirr darauf achten, dass sich die Kinder gut selber bedienen können.

3. Den Platz anzeigen

„Platzsuchbewegungen" und daraus resultierende Konflikte („Das ist aber mein Platz!") beim Betreten des Speisebereichs lassen sich durch das Bilden von Tischgemeinschaften vermeiden, wenn

- Plätze mit Fotos, Namenszug oder Emblemen (für die Jüngeren) ausgewiesen sind.
- für Tischgemeinschaften älterer Kinder Tische ausgewiesen werden. Ältere Kinder haben bereits die Fähigkeit zu Aushandlungsprozessen auch bei Hunger und Durst erlangt. Sie können am Tisch vereinbaren, wer wo sitzt.

Platzkärtchen mal anders

- Sitzplätze für die begleitenden Fachkräfte angezeigt werden. Diese nehmen ebenso wie die Kinder ihren Platz ein. Die Kinder sehen so, wer während der Mahlzeit für sie zuständig ist.
- der Dienstplan der Fachkräfte die Begleitung der Mahlzeit als verantwortliche Tätigkeit täglich ausweist. Jede/-r weiß somit, wann sie/er an welcher Mahlzeit teilhat.

Aus der Praxis

Das Kinderhaus am Neckarbogen, Tübingen, bevorzugt in der Gestaltung aller Mahlzeiten feste Tischgemeinschaften, begleitet durch mitessende Fachkräfte. Durchschnittlich alle 10 Wochen ist die Reflexion der Tischgemeinschaften ein Tagesordnungspunkt der Teamsitzung. Folgende Aspekte werden erörtert:

- Sind die Zusammensetzung der Tischgemeinschaften und der Sitzplan noch förderlich?
- In welcher Atmosphäre verlaufen derzeit die verschiedenen Mahlzeiten?
- Gibt es Unterschiede in der Atmosphäre zwischen den verschiedenen Mahlzeiten am Tag?
- Gibt es Unterschiede in der Atmosphäre bei den verschiedenen Schwerpunkten auf dem Wochen-Speiseplan, zum Beispiel vielleicht an den verschiedenen Kost-Tagen, wie dem Fisch-Tag, dem Eintopf-Tag?
- Finden Unterhaltungen statt, die für alle anregend sind und an denen sich alle gleichmäßig beteiligen?
- Erfolgt gegenseitige Unterstützung unter den Kindern?
- Findet ein neu hinzukommendes Kind seinen Platz gleichermaßen bei einem älteren Kind, das es bei Bedarf unterstützt, wie auch in der Nähe einer Erzieherin?
- Sind Freundschaften in ihrer spezifischen Ausgestaltung im Blick (manchmal werden sehr enge Freunde oder Freundinnen bewusst an unterschiedliche Tische gesetzt)?
- Können die mit der Mahlzeit verbundenen Dienste von Eindecken über Abräumen bis Tischabwischen gut geregelt werden? Werden sie in der Verantwortung der ausführenden Kinder weitgehend selbstständig und zufriedenstellend erledigt?

Die regelmäßige Reflexion der alltäglichen Situation „Tischgemeinschaft" fördert die Beobachtung der (Spiel-)Partnerschaften und Dynamiken in der Gruppe und trägt damit zur Qualitätssicherung und Qualitätsentwicklung bei.

> Wenn wir beieinander sitzen,
> nicht mehr durch das Zimmer flitzen,
> schnuppern wir die Essenszeit,
> denn die Teller stehn bereit.
> Wer noch laut war, ist jetzt still,
> weil ein jeder essen will.
> Wide, wide, witt, guten Appetit!
> (aus: Pape 2012)

Qualitätsmerkmal: regelmäßig im Team die Atmosphäre in der Tischgemeinschaft reflektieren

4. Sitzen bleiben

Nicht nur die Kinder, auch die pädagogischen Fachkräfte vermeiden es, beim Essen in Bewegung zu sein: Sich im Speisezimmer zu bewegen, spontan aufzustehen bringt erhebliche Unruhe in die Tischgemeinschaft, ebenso wie das „Herumstehen". Zwischen den sitzenden Kindern zu stehen oder zu gehen vermittelt weniger ein Miteinander bei Tisch, sondern ein Beaufsichtigen und Eingreifen von oben – das hat Auswirkungen auf die Atmosphäre. Diese entwickelt sich unter folgenden Bedingungen positiv:

- Eine einheitliche, gegebenenfalls über eine Checkliste unterstützte Vorbereitung des jeweiligen Tisches und eines sogenannten Assistenztisches stellt sicher, dass alles Erforderliche an Geschirr, Besteck und anderen Dingen in ausreichender Menge vorhanden ist.
- Die Komponenten der Mahlzeit stehen griffbereit.

Wiederkehrende Abläufe aktiv mitgestalten

Durch die umfassende Vorbereitung bleibt die begleitende Fachkraft in Beziehung mit der Tischgemeinschaft.

5. Jeder bekommt, was er braucht

… und davon genug! Die mögliche individuelle Angst „für mich ist nichts Passendes dabei", „es bleibt nicht genug für mich" wird beachtet, indem

- die Komponenten der Mahlzeit von der Fachkraft kurz vorgestellt werden;
- die für einzelne Kinder individuell vorbereitete (Sonder-) Kost gezeigt und benannt wird.

So können alle nachvollziehen: „Das ist für Max, weil er keine Kuhmilch verträgt" …;

- jedes Kind zu Beginn genug von dem, was es von den angebotenen Komponenten zu essen wünscht, vorfindet. Was nicht bedeutet, dass zum Ende der Mahlzeit nicht einzelne Komponenten zur Neige gehen;
- im Team Signale vereinbart werden, wie Kinder die Angst, eventuell nicht satt zu werden, beantwortet bekommen: beispielsweise mit dem Hinweis „Schau her, in der Schüssel hier sind noch Kartoffeln. Wenn du nachher noch welche möchtest, kannst du dir hier noch welche nehmen."

Die fünf Grundsätze erfordern eine feingliedrige Planung – auch im Zusammenspiel von Hauswirtschaft und Pädagogik. Nicht immer ist den beiden Disziplinen bewusst, wie sehr sich ihre Tätigkeitsbereiche bedingen und welche Wirkung eine gute Abstimmung auf das Wohlbefinden des einzelnen Kindes hat. Hier empfiehlt es sich, gemeinsam vereinbarte Abläufe über Checklisten zu sichern, die allen jederzeit zugänglich sind. Solche Listen haben gerade in Zeiten von Krankheits- oder Urlaubsvertretung besondere Bedeutung. Wenn der Stresspegel durch die Unterbrechung von Routinen schnell ansteigt, können diese Instrumente „ohne Worte" unterstützen und den Vertretungskräften Orientierung bieten.

2. Raumgestaltung und Möblierung

Wer Mahlzeiten in der Kita als Chance der Kompetenzentwicklung begreift, muss alle Einflussfaktoren im Blick haben. Raumorganisation, Möblierung und Ausstattung sind dabei wesentlich. Sie wirken sich maßgeblich auf die Handlungsmöglichkeiten des Kindes und die Atmosphäre beim Essen aus. Um die Ess-Umgebung dem Entwicklungsstand und den Kompetenzen des einzelnen Kindes anpassen zu können, ist eine regelmäßige Beobachtung seiner Handlungen während des Essens erforderlich. Nur dann gelingt es, die für seine Entwicklung notwendige, ihm angepasste Umgebung zu gestalten. Die Organisation der Funktionsräume Küche und Speisebereich – auch in Bezug zu Sanitär- und Gruppenbereichen – gilt es, bewusst zu planen. Ziel ist es, Störungen durch Nutzungsüberlagerungen oder erheblichen „Durchgangsverkehr" zu vermeiden.

Praxistipp

Gemeinsamer Klausurtag von Pädagogik und Hauswirtschaft

Tagesordnungspunkte sind zum Beispiel die Beschreibung der Aufgaben, Verantwortlichkeiten und des täglichen Ablaufs aus den verschiedenen Perspektiven: Wer muss wann was wie machen, damit es gelingt? Eine gute Grundlage, um die verschiedenen Anforderungen in beiden Bereichen (von Kühlkette über Kerntemperatur bis Essverhalten) voneinander kennenzulernen und Reaktionen im Alltag nachvollziehen zu können. Die Ergebnisse lassen sich in einer Verpflegungskonzeption oder in Ernährungsstandards der Kita/des Trägers festschreiben.

Die Ausgestaltung deutlich erkennbarer Raum-Zonen ermöglicht den Kindern eine Orientierung im Sinne von „Hier wird von mir erwartet, dass …“ (vgl. Höhn 2010). Auf die Mahlzeit bezogen erfährt das Kind: „In diesem Raum essen wir, und nur dort.“ Der für das Essen vorbereitete Raum/Raumbereich führt das Kind gewissermaßen durch den Ablauf der Mahlzeit. Bleibt der Raum/Raumbereich ausschließlich den Mahlzeiten vorbehalten, kann zudem in zeitlichen Schichten gegessen werden: Früher-Esser, Später-Esser oder beispielsweise Kinder, die eine besondere Assistenz benötigen, finden die gleichen Bedingungen vor – ebenso wie die Kinder, die den Tagesablauf bereits verinnerlicht haben. Von Anfang an wird das Kind am selben Ort an die Esskultur und die Speisen in der Kita herangeführt. Durch diese räumliche Kontinuität entsteht Vertrautheit, die positiv dazu beiträgt, weiteres „Fremdes“, wie etwa eine neue Speise, neue Kinder in der Tischgemeinschaft, eine neue Erzieherin, zu bewältigen. Weitere positive Aspekte: zeitliche und organisatorische Überlagerungen von anderen Tätigkeiten, die auch am Tisch stattfinden, wie beispielsweise Malen, Basteln, Brettspiele, werden vermieden. Stresssituationen wie „Wir müssen noch schnell decken“ oder „Wir müssen noch schnell wegräumen“ sind aufgehoben. Die mögliche Irritation des Kindes im Alltagshandeln ist ausgeschlossen.

So haben auch kleine Kinder Zugang zum Küchentresen

Küche und Speisezimmer

Bei der baulichen Gestaltung von Küche und Speisezimmer gilt es, einige wichtige Aspekte zu beachten. Folgende Hinweise sind praxiserprobt und zweckdienlich:

- Insbesondere für ältere Kinder ist es sinnvoll, freistehende Küchenzeilen als Tresen vorzusehen, denn sie unterstützen Strukturen selbstbestimmten Essens, indem sie als Büfett- und Getränkestationen genutzt werden. Dieser Tresen kann die optische – und während des Kochprozesses gesetzlich geforderte – Trennung zwischen Küche und Speisebereich sein und gleichzeitig als Arbeitsfläche der Kinder bei der Teilhabe an der Essenszubereitung dienen. Indem das Kochfeld in den Tresen eingelassen ist, kann pädagogisches Kochen umgesetzt werden. Der Ergonomie wird durch zwei Höhen Rechnung getragen: Die freistehende Küchenzeile bzw. der Tresen ist 90cm hoch und wird von einer Seite mit einem Podest angefahren, belegt mit Linoleum oder Kautschuk. Die Arbeitshöhe der Kinder liegt bei ca. 60cm. Im Tresen selbst kann von beiden Seiten Tagesgeschirr eingestellt und entnommen werden, was eine Entlastung in den Betriebsabläufen zwischen Hauswirtschaft und Pädagogik darstellt.
- Eine gute Belüftung bzw. Luftwechselrate sollte in diesem Bereich eingeplant werden, auch um bei mehreren Essensschichten über den Tag hinweg ein dauerhaft angenehmes Raumklima zu gewährleisten.

Praxistipp

Grenzt an den Küchen- und Speisebereich eine Außenfläche, so lässt sich ein Hochbeet/Kräuterhügel anlegen. Nachwachsende Nahrungsmittel sind pflegeleicht und für die Geschmacksbildung großartig: der Melissenzweig im Sprudelwasser schmeckt anders als der Minzestängel. Petersilie, Schnittlauch, Oregano und Sauerampfer verfeinern – selbst geschnitten – Salat, Frischkäse oder das Butterbrot. Ist dies aus Platzgründen nicht möglich, können Küchenkräuter in Blumenkästen gepflanzt werden.

- Wie alle anderen Hauptaufenthaltsräume sollte der Speisebereich entsprechende Akustikmaßnahmen erfahren, die die DIN 18041 zur Hörsamkeit in kleinen und mittelgroßen (Lehr-)Räumen umsetzen.
- Neben der die Luxzahl garantierenden Rastergrundbeleuchtung ermöglichen Schienen das Abhängen bzw. Verschieben von Pendelleuchten über den Tischeinheiten und unterstützen eine angenehme Atmosphäre.
- Als Bodenbelag eignet sich Kautschuk oder Linoleum. Beide bilden strapazierfähige und leicht zu reinigende Flächen mit geringerer Rutschgefahr und deutlich weniger Lärmentwicklung als bei gefliesten Flächen. Diese Materialien sind in den sogenannten R-Klassen, die für kleine Kochküchen in der Gemeinschaftsversorgung erforderlich sind, erhältlich.
- Immer wieder stellt sich die Frage des geeigneten Händewaschens für Kinder rund um die Mithilfe bei der Speisenherstellung. Ein Handwaschbecken auf Kinderhöhe neben dem gesetzlich geforderten für die Erwachsenen im Küchenbereich einzuplanen, bietet sich an.
- Zusätzlich zur „großen Küche" Kinderküchen auf einer Höhe von 60cm einzurichten, ist aus wirtschaftlichen Gründen und aus Gründen der Ergonomie gut zu prüfen. Je nach Größe der Tageseinrichtung bietet es sich an, in einem sogenannten Funktionsraum ergänzend eine Kinderküche vorzusehen. Zu beachten ist §36 Infektionsschutzgesetz: Spülen die Kinder von Hand im Spülbecken, reicht das nicht aus, um den hygienischen Anforderungen sauberen Geschirrs zu entsprechen. Der Spülgang muss mit mindestens 65°C erfolgen und ist damit nicht handwaschgeeignet. Hinweis: Ausschließlich eine Küche auf 60cm Höhe einzurichten, was über Jahrzehnte hinweg insbesondere in den westlichen Bundesländern umgesetzt wurde, ist laut Arbeitsschutzgesetz nicht mehr möglich.
- Saisonal den Speisebereich auf die angegliederte Terrasse zu verlagern, erweitert die sinnliche Wahrnehmung, erfordert jedoch eine neue Logistik im Tagesablauf. Beispielsweise sind in einem naheliegenden Geräteschuppen oder einem Garagenraum geeignete Möbel bereitzustellen, um ein Hin- und Herschleppen der Möbel des innenliegenden Speisebereichs zu vermeiden.

Literaturtipp

Lichtenberg, Wolfhart (2007): Planung kleiner Küchen in Schulen, Kitas und Heimen. aid spezial. Bonn: aid Infodienst Ernährung, Landwirtschaft, Verbraucherschutz.

Mein rechter, rechter Platz ist leer, ich wünsche mir den/die ... her!

(sprichwörtlich)

Tische und Stühle

Fragen Sie sich einmal selbst: Wie ist das, an einem zu hohen Tisch zu sitzen? Wie wirkt sich das auf Ihr Hantieren aus? Wie ist das, wenn Sie auf einer zu hohen Bank Platz nehmen? Beginnen Ihre Beine nicht fast automatisch zu wippen und zu schaukeln?

Nur wer beim Essen „geerdet" sitzt, kann sich auf die Tätigkeit an sich konzentrieren. Deshalb sollte sich die Möblierung immer an der Entwicklung der Kinder orientieren. Es empfiehlt sich, unterschiedliche Sitzmöbel anzubieten, die die sich stetig verändernde körperliche Entwicklung des (Klein-)Kindes mit einem Handgriff berücksichtigen.

Passendes Mobiliar für jeden Entwicklungsstand parat

Pikler-Essbänkchen: geeignet für Kinder im Übergang zum Selberessen

Für Kleinkinder, die noch nicht sitzen können und auf dem Schoß gefüttert werden, ist ein sogenannter Füttersessel oder Stuhl, in dem sowohl die pädagogische Fachkraft als auch das Kind bequem und in guter Haltung die Füttersituation gestalten, geeignet (vgl. Höhn 2014). Kinder im Übergang zum selbstständigen Essen sitzen am besten frei, dem fütternden Erwachsenen auf Augenhöhe gegenüber – vor sich eine kleine Tischfläche mit ihrem eigenen Geschirr. Im sogenannten Essbänkchen nach Pikler (vgl. von Allwörden/Wiese 2013) lässt sich dies sehr gut umsetzen.

Das Höhenverhältnis von Tisch und Stuhl für das einzelne Kind bestimmt die Atmosphäre beim Essen mit. Es wirkt unmittelbar auf die Möglichkeiten des Hantierens und damit auf das Erleben von Selbstwirksamkeit und Wohlbefinden. Für die Auswahl der Möblierung gilt:

- Tisch und Stuhl stehen in ihrer Höhe stets miteinander in Beziehung; der Tisch ist idealerweise 20cm höher als der Stuhl.
- Leicht höhenverstellbare Tischbeine ermöglichen „mitwachsende" Tischhöhen.
- Der Stuhl oder Hocker ist so hoch/niedrig, dass das Kind geerdet ist, seine Füße also fest auf dem Boden stehen. Etliche Anbieter bieten denselben Stuhl- oder Hockertyp in verschiedenen Höhen an.
- Beim Einsatz von Hochstühlen ist auf das Fußbrett zu achten. Geerdet sein bedeutet hier eine Anpassung von Sitzfläche und Fußbrett an die Größe des Kindes.

Praxistipp

Bei einer Gruppe von 10 Krippenkindern empfiehlt sich eine Mischung aus Hockern in 3 Höhen: 3 niedrige, 3 mittlere, 4 hohe und 1 Essbänkchen.

3. Produktkunde Besteck und Geschirr

Gut hantieren Können setzt gutes Werkzeug voraus. Ein gutes Werkzeug wiederum korrespondiert mit den Kompetenzen seiner Nutzer/-innen. Kinder lernen Schritt für Schritt Essen und Trinken – entsprechend dem Kulturraum, in dem sie aufwachsen, und unter Anwendung der entsprechenden Werkzeuge. In unserem westlichen Kulturkreis ist das Essen mit Messer, Gabel und Löffel von einem Teller selbstverständlich. Die Beschaffenheit des Werkzeugs bestimmt die Handhabbarkeit entscheidend mit. Wie groß ist der Löffel im Durchmesser, wie flach oder tief die Mulde, wie lang der Stiel? Wie ausgewogen liegt das Messer oder die Gabel in der Hand? Stimmen die Größenverhältnisse von Hand, Besteck und Mund? Eine Vielzahl von Aspekten bestimmt, ob wir ein Alltagswerkzeug wie Besteck und Geschirr für uns gelingend hand-

Was für ein kleines Kind fast unmöglich ist, ist für ein älteres Kind schon machbar: der Umgang mit großem Besteck

haben können, ob es uns in unseren Vorhaben unterstützt oder behindert.

Beachten wir den höchst unterschiedlichen Kompetenzstand von Kindern in der Kita, müssen wir daraus folgern, dass eine gut ausdifferenzierte Auswahl an Besteck und Geschirr die Lust der Kinder am selbsttätigen Handeln unterstützt. Pädagogische Fachkräfte, Hauswirtschaft, Leitung und Träger sind daher aufgefordert, diese bereitzuhalten. Mehrkosten entstehen hier nicht zwingend, schließlich geht es ja nicht darum, für jedes Kind alles vorzuhalten, sondern entsprechend der Kompetenzgruppen Verschiedenes anbieten zu können.
Der Querschnitt durch Ihren Geschirrschrank könnte folgendermaßen aussehen:

Passendes Geschirr ermöglicht Selbstwirksamkeit

- Bruchsicheres und standfestes Geschirr, das die Lust am Hantieren unterstützt: der Teller rutscht nicht weg, das Glas kippt nicht.
- Teller mit leichten Aufkantungen am Rand, die das Überschwappen/Herausrutschen von Speisen verhindern, da mit dem Besteck „dagegengeschoben" werden kann.
- Transparente Gläser, Becher und Krüge, die das Wahrnehmen der Flüssigkeit und deren Menge bzw. Gewicht ermöglichen und das Gießenlernen unterstützen.
- Becher mit und ohne Henkel oder Gläser mit längsgeriffelten Flächen, die das individuelle Greifverhalten unterstützen. Ein sehr schlankes, längsgeriffeltes Glas bietet sich zum Einstieg ins Trinkenlernen an.
- Gläser mit einem dicken, nach außen gewölbten Rand, die Kindern unter einem Jahr oder Kindern, die längere Zeit nur Trink- und Nuckelflaschen gewohnt waren, dabei helfen, auf ein Glas umzusteigen.
- Schöpfgerätschaften mit kurzen Stilen und ohne Festlegung der Gießrichtung (Soßenlöffel mit Einkerbung links und rechts), die verschiedenes Hantieren zulassen; Greifzangen und Vorlegegabeln, die dazu einladen, Rohkost und Beilagen auf den eigenen Teller zu transportieren.
- Alle Besteckformen und -größen zur Auswahl: kleine Löffel, sogenannte große Löffel in verschiedenen Größen und runden oder ovalen Formen, Gabeln und Messer. Das Kind entscheidet, welches Werkzeug gleichermaßen vertraut und sinnvoll ist.
- Flache, flexible Silikonlöffel mit einem kurzen Stil; aufgrund ihrer eingeschränkten Wärmeleitfähigkeit bevorzugt in der Fütterpraxis von Kindern unter 1 Jahr (vgl. Gätjen 2011).
- Rutschhemmende Sets oder Untersetzer für die Teller (z.B. geschnitten aus Einlegeware für Küchenschränke oder rutschhemmenden Unterlagen für Teppiche).

- In der Höhe „überschaubare“ und transparente Schüsseln, die Orientierung ermöglichen („das gibt es heute“) und das Aufstehen vermeiden. Sehen können, was es gibt bzw. prüfen können, ob die Speise bekannt ist, bereitet den Prozess des Auswählens vor. Das Kind kann sich bereits ein Bild machen, bevor die Speise auf seinem Teller arrangiert ist oder es sich selbst genommen hat.
- Schüsseln, die sich in ihrer Formgebung öffnen und das selbstständige Schöpfen unterstützen.

Dem Wunsch nach „reinen“, nicht vermischten Speisen wird entsprochen durch

- gut strukturierte Vorlegeplatten mit Einteilungen wie beim Fondueteller;
- Portionierung der Speisen in kleinen Einheiten, zum Beispiel in gut stehenden Gläschen oder auf Platten. Das trägt auch der verschiedenen „Arbeitsgeschwindigkeit“ der Kinder aufgrund ihrer unterschiedlichen Kompetenzen Rechnung. Ungeduld und damit Unruhe werden vermieden, indem das Kind sich seine Portion an seinen Platz holt und beispielsweise beginnt, ein Brot zu streichen.

Ein gut sortierter Küchenschrank verfügt über Schälchen für jede Kompetenzstufe

Praxistipp

Löffelsortiment

Kinder benutzen für unterschiedliche Speisen gern verschiedene Löffel: für Joghurt zum Beispiel bevorzugt einen flachen Silikonlöffel. Die Speise schmeckt mit unterschiedlichem Besteck „anders“ – das erfährt bereits ein junges Kind. Mittels einer Auswahl an verschiedenem Besteck diese Erfahrung aufnehmen ist ein Ausdruck von Responsivität bei der Mahlzeitengestaltung.

Lieblingslöffel

Empfehlen Sie Krippeneltern, den von ihrem Kind bevorzugten Löffeltyp mitzubringen. Beim ersten Füttern entsteht für das Kind in der noch fremden Umgebung ein Gefühl von Vertrautheit. Die vertraute Sensorik im Mundraum unterstützt dabei, die vielleicht ungewohnte Speise anzunehmen.

Auf den Teller geschaut

Anregungen für Ihren Tellerkauf: Größe, Material und Ausformung zeigen Wirkung auf das Essverhalten. Der Essenlerner ist beim Löffelnlernen damit beschäftigt, die Auge-Hand-Mund-Koordination zu bewerkstelligen und die Speise, meist noch mit dem herausfordernden und ungelenken Faustgriff, auf den Löffel zu bekommen. Jetzt ist ein deutlich am Rand gerundetes Schälchen hilfreich; das Kind schiebt die Speise mit dem Löffel gegen den Rand und zieht über die Wölbung den Löffel nach oben. Das Reutlinger Essschälchen der städtischen Kindertageseinrichtungen versucht dieses Bedürfnis zu beantworten (Informationen und Bezugsadresse: www.toepferei-bernhart.de).

Das älter werdende Kind, der Essenkennenlerner, bevorzugt zunehmend eine „sortenreine“ Kost. Es bevorzugt einen Teller, der die Komponenten sicher voneinander trennt; motorisch sind die Kinder teilweise jedoch noch auf das Schieben der Speisen an den Rand angewiesen. Hier bietet sich eine Cazuela-Schale mit einer Fläche von bis zu 19cm Durchmesser an; ein deutlich hochgezogener Rand unterstützt die Selbsttätigkeit (Tipp aus dem städtischen Kinderhaus Betzenried, Reutlingen).

Auch mit den Esstabletts aus Melamin (s. Abb. S. 38) kann das Bedürfnis nach Trennung der Speisen beantwortet werden. Auf den ersten Blick mögen sie an Mensen oder andere Orte der Gemeinschaftsverpflegung erinnern, ein Blick in die Gesichter der jüngeren Kinder zeigt jedoch Entspannung: Sie müssen keine Sorge haben, dass sich die Speisen vermischen, oder gar alles getrennt hintereinanderweg essen (Montessori Kinderhaus, Freiburg). „Normale“ Dessertteller, tiefe Suppenteller und Nachtischschälchen begleiten in der Regel dann die Esser bis zum Übergang in die Schule (empfohlene Bezugsadresse: Platte 3-geteilt, Serie Davos, 27x21cm, Melanin, weiß, Waca www.hubert-versand.de).

Die Esslerngeschichte hebt die individuellen Fähigkeiten hervor und motiviert zum nächsten Schritt

VI. Kita schreibt Essgeschichte(n)

1. Die Teamkultur pflegen

Es ist nicht immer einfach, die Bildungszeit „Mahlzeit" professionell zu begleiten, denn wir selbst haben unsere eigene(n) Essgeschichte(n) stets dabei. Wie tief diese sprichwörtlich verwurzelt ist, gilt es zu beachten. Borke und Keller stellen heraus: „Es ist wichtig, dass die frühpädagogischen Fachkräfte sich mit ihrer eigenen Biographie auseinandersetzen und lernen, die eigenen Einstellungen, Positionen und Verhaltensweisen auf kulturelle Werte und Normen hin hinterfragen zu können. (…) Die eigene Brille, das heißt die eigenen kulturellen Denk- und Wahrnehmungsmuster sollten erkannt werden, mit der man auf die Welt schaut, nur bestimmte Dinge fokussiert und sie entsprechend färbt. (…) Eine forschende Haltung umfasst das offene und neugierige Zugehen auf Kinder und Familien, und zwar möglichst ohne voreingestellte Bewertungsmuster. Es geht darum, Kinder und Familien in ihren Vorstellungen, Werten und Verhaltensweisen zu verstehen. Dafür ist es notwendig, sich auf offene und wertschätzende Begegnungen einzulassen, zuzuhören und nachzufragen" (Borke/Keller 2014, S. 101).

Gesprächskultur im Team

Die eigene Brille bei der Begleitung und beim Einnehmen von Mahlzeiten in der Kita zu schärfen, bedarf einer Kultur gegenseitiger Rückmeldung. Essen ist so selbstverständlich, dass es ganz natürlich ist, dass wir unsere Eigenarten haben. Aber gerade beim Essen und zum Essen eine Rückmeldung zu erhalten, kann uns ganz schnell auf den Magen schlagen und die Galle hochtreiben. Kennen Sie das? Betrachten wir die folgende beispielhafte Situation: Heute sind Sie gemäß Dienstplan zur Begleitung der Mittagsmahlzeit eingeteilt. Der Blick auf den Speiseplan lässt Sie erstarren: Karotten-Kartoffel-Gratin mögen Sie überhaupt nicht, ja verknüpfen es sogar mit unguten Assoziationen Sie entscheiden sich, dennoch die Mahlzeit zu begleiten, was Sie Überwindung kostet. Die Kinder sind an diesem Tag aus unersichtlichem Grund angespannt an den Tisch gekommen; die Atmosphäre ist schwierig. Ihnen gelingt es kaum, die Kinder zu einem genussvollen Essen hin zu begleiten, dabei könnte gerade jetzt ein Vorbild relevant sein.
Eine Teamkultur, die Biografiearbeit und Selbstreflexion regelmäßig nutzt, eröffnet die Möglichkeit, sich in solchen Situationen mitzuteilen. Vielleicht hätte eine Kollegin, der diese Speise schmeckt, die Kinder anders begleiten können.

Voneinander zu wissen ist für die professionelle Gestaltung von Pflegesituationen unabdingbar. So kann ein Feedback zum eigenen Essverhalten hilfreich für die Selbstwahrnehmung sein – aber wer lässt sich schon gern etwas zum Essen sagen? Einander von Vorlieben und Abneigungen zu berichten, das eigene Lieblingsgericht bewusst einmal in die Teamsitzung mitzubringen und zu teilen, sind Möglichkeiten, hier mutiger und offener zu werden.

Vereinbarungen im Team

Einfacher als die persönliche Rückmeldung an die Kollegen und Kolleginnen ist die Vereinbarung zur Ausgestaltung von Mahlzeiten. Eine wesentliche These aus der aktuellen Qualitätsdiskussion besagt, dass eine gute Kita einen gut gelebten Alltag aufweist. Das heißt, durch die Definition und Vereinbarung von Vorgehensweisen/Handlungen entwickelt sich auch Prozessqualität. Ein Weg, sich über die professionelle Begleitung von Mahlzeiten zu verständigen, führt über die Beantwortung der folgenden Fragen. Die daraus gewonnenen Absprachen bieten sich in verschriftlichter Form für die Konzeption Ihrer Kita bzw. für eine eigenständige Verpflegungskonzeption an.

- Was verstehen wir unter einer responsiven Begleitung (vgl. Gutknecht 2015)?
- Wie führen wir Regeln am Esstisch ein? Wie halten wir Regeln ein? Wie überprüfen wir die Regeln und ihren Sinn im Alltag?
- Wie entwickeln wir Skripte rund um die Mahlzeit und differenzieren sie im Alltag – gemessen am Verhalten der Kinder – weiter aus?
- Wie treten wir mit Eltern und Kindern in den Kontakt? Welche Instrumente unterstützen uns bei der Dokumentation von Gesprächen?
- Was müssen wir rund um die Mahlzeit organisieren und verbindlich vorbereiten? Wer macht dabei was? Wie kooperieren wir mit Caterer und Hauswirtschaft?
- Wie gestalten wir die Speiseplanung und den Einkauf?
- Wie sichern wir eine Rückmeldekultur der Kinder und vielleicht auch der Eltern?
- Welche Reflexionspunkte wollen wir regelmäßig in unseren Teamrücksprachen aufrufen?

Was darf's heute sein? Auch Teebeutel können dokumentieren ...

2. Formen der Dokumentation

„Hat mein Kind heute gut gegessen? Hat mein Kind aufgegessen? Oder zu viel gegessen?"

Diese Fragen von Eltern lassen sich nur im Kontext der (Ess-)Entwicklung des einzelnen Kindes beantworten. Kleine Kinder haben ein sehr tagesformabhängiges Essverhalten – noch mehr als wir Erwachsene. Daher ist es sinnvoll, das Essverhalten im Kontext des Kita-Tags (Tagesform, Aktivitäten, besondere Vorkommnisse) zu beschreiben. Ob ein Ausflug mit viel Bewegung, ein opulentes Geburtstagsfrühstück oder ein ausgiebiger Sandkastentag zu bewältigen waren – alles hat Auswirkungen auf den Appetit. In den meisten Kitas sind über den Tag hinweg mehrere Personen mit demselben Kind in Kontakt. Nicht immer ist die pädagogische Fachkraft, die morgens das Kind begrüßt, diejenige, die es am späten Nachmittag verabschiedet. Und diese wiederum war nicht unbedingt bei den Mahlzeiten anwesend. Eltern stehen demnach mindestens mit zwei Fachkräften im Kontakt, die jedoch dienstplanbedingt nicht immer direkt Auskunft zum Essverhalten geben können. Eine kurze schriftliche Notiz im Teambuch sichert die Information zu den für die Eltern relevanten Fragen und dient der Rückversicherung des Gefühls: „Mein Kind ist hier gut versorgt!"

Fragen der Eltern zum Essen beantworten – die mobile Dokumentationsbox macht's möglich

Ein Dokumentationssystem entsteht

Es empfiehlt sich, die Erstellung eines Dokumentationssystems gemeinsam im Team vorzunehmen. Folgende inhaltliche Kriterien sind hilfreich:

1. Informationen zum Kind:

- Name, Geburtsdatum, Nationalität
- bevorzugte und verschmähte Nahrungsmittel
- Nahrungsmittel, die Erbrechen verursachten
- elterliche Einschätzung, ob das Kind ein guter oder schlechter Esser ist
- Beschreibung bevorzugter Esssettings und der Kompetenzen in den Kulturfertigkeiten der Familie sowie der in der Kita/Krippe (vgl. dazu auch den Interviewleitfaden aus dem Aufnahmegespräch in Kapitel III.2)

2. Dokumentation im Rahmen des jährlichen Entwicklungsgesprächs: Unter Anwendung der „Grenzsteine der Entwicklung" oder anderer, im Bundesland/beim Träger üblicher Screenings zur Entwicklung – bezogen auf die entwickelten motorischen und sozialen Kompetenzen, auf die entwickelten Vorlieben für Nahrungsmittel und Settings.

3. Wochendokumentation:

- Listung aller Mahlzeiten, die das Kind wie und in welchem Setting in der Woche isst.
- Auflistung neuer Nahrungsmittel (wie oft angeboten, Quantität der Speise), bei deutlicher Bevorzugung von Speisen gegebenenfalls deren Nennung.
- Aussagen zur motorischen und sozialen Entwicklung im Falle deutlicher Veränderungen.

Die ersten beiden Punkte der Dokumentation werden durch den/die Bezugserzieher/-in erstellt; sie sind allen pädagogischen Fachkräften, die das Kind beim Essen begleiten, zugänglich. Die Wochendokumentation sollte durch die jeweilige begleitende Fachkraft geführt werden. Sie wird idealerweise in der Nähe des Essbereichs aufbewahrt und ist so konzipiert, dass sie einfach und schnell mit Kreuzchen, Piktogrammen oder einzelnen Worten ausgefüllt werden kann.

Esslerngeschichten

Essen lernen, neue Speisen kennenlernen ist eine immense Leistung. Diese kann durch das Verfassen von Esslerngeschichten besondere Aufmerksamkeit und Wertschätzung erfahren. Gleichzeitig stellen solche Esslerngeschichten – basierend auf den sogenannten Bildungs- und Lerngeschichten – eine andere Form von Dokumentation und Analyse der Lernleistungen eines Kindes dar. „Bildungs- und Lerngeschichten sind ein offenes Beobachtungs- und Dokumentationsverfahren, das es ermöglicht, das Lernen von Kindern zu beobachten und zu beschreiben und darauf aufbauend zu unterstützen und zu fördern. Wesentliches Merkmal der Bildungs- und Lerngeschichten ist die Ressourcenorientierung. Das heißt, dass mit diesem Instrument vor allem die Fähigkeiten und Kompetenzen von Kindern in ganz alltäglichen Situationen erfasst werden können. Wichtiger strukturierender Gesichtspunkt sind hierbei Lerndispositionen, die als grundlegende Voraussetzung für Lern- und Bildungsprozesse verstanden werden" (Remsperger 2016). „Das Lernen feiern" nennen Neuseeländer/-innen diese Vorgehensweise. Feiern wir also das Essenlernen/Essenkennenlernen der Kinder auf die neuseeländische Art: Schreiben wir ihre Esslerngeschichten auf! Im Stil eines Briefs an das Kind beschreibt die pädagogische Fachkraft die besonders beachtenswerten Leistungen des Kindes und kommentiert sie mittels der fünf Lerndispositionen:

- interessiert sein,
- engagiert sein,
- standhalten,
- sich mitteilen,
- an einer Lerngemeinschaft teilhaben.

Mögliche beobachtete Situationen, die zu einer Esslerngeschichte führen können, sind folgende: Das Kind

- erlangt neue Kompetenzen: ein Glas einschenken, ein Brot streichen, einen wackligen Pudding löffeln;
- verändert durch den Kompetenzzuwachs seine Teilhabe: sich in einer neuen Tischgemeinschaft älterer Kinder einführen, sich in den Ritualen zurechtfinden;
- übernimmt Verantwortung und Unterstützung für andere: den Krug anreichen, den Tisch abwischen;
- sucht erstmals den Tischspruch aus und sagt ihn auf, übernimmt Verantwortung für die Gemeinschaft;
- probiert neue, unbekannte Speisen, bis es sie irgendwann genussvoll isst (beschrieben wird der Weg dorthin);
- stellt den Vergleich zwischen der Speise in der Kita und einer vergleichbaren Speise zu Hause an und berichtet den anderen davon.

Ergänzt wird die Geschichte durch Fotos des Kindes beim Essen. Das Verhältnis von Text und Bild sollte sich am Entwicklungsstand des Kindes orientieren. Gerade kleine Kinder (2. Lebensjahr) sind von großen Fotos (DIN A5), unterstützt durch ausführliche Bildunterschriften, begeistert. Es empfiehlt sich, die Seiten einzuschweißen und über eine Spiralbindung, einen Schlüsselring oder einen gekürzten Kabelbinder zusammenzuführen.

Den Dialog anregen

Mit dem Vorlesen der Esslerngeschichte geht die Bezugserzieherin in eine besondere Interaktion mit dem Kind: „Schau mal, was du in den letzten Wochen alles beim Essen gelernt hast." – „Ich habe ein eigenes (erstes) Buch über mich in der Kita bekommen. Ich kann immer wieder selber nachschauen." Der Dialog mit dem älteren und sprachgewandteren Kind eröffnet weitere Möglichkeiten – vor allem auch in der Beziehungsgestaltung mit der Bezugserzieherin: „Schau mal, was du in den letzten Wochen alles beim Essen gelernt und kennengelernt hast." Daraus kann ein Gespräch erwachsen: „Siehst du das auch so wie ich oder fällt dir noch was ganz anderes ein, das du gelernt hast?" Oder einmal mehr kann die Erfahrung aus der Familie im Mittelpunkt stehen: „Magst du mir noch mal beschreiben, wie ihr zu Hause die Karotten zubereitet?"

Mahlzeit – Zeit für Beziehung

Durch eine Esslerngeschichte erhalten Eltern einen weiteren Einblick in das Selbstverständnis und die Arbeitsweise der Kita: „Unser Kind wird genau beobachtet und wertschätzend beachtet." – „Dass unser Kind schon so viel kann, ist uns gar nicht so bewusst gewesen." – „Und das isst unser Kind wirklich? Zu Hause wäre das unvorstellbar!"

Praxistipp

Eine Esslerngeschichte kann auch sichtbar für alle an einem Drahtseil im Speisezimmer hängen und zeigen: „So hat Max sein Brot gestrichen – so kann Brotstreichen gehen."

Eltern, die aus Kulturen kommen, in denen Kindertageseinrichtungen vorwiegend Elemente schulischen Lernens umsetzen, sind oft erstaunt über das hier vorherrschende ganzheitliche Lernverständnis und seine konkrete Umsetzung im Alltag. Auch sind sie erstaunt, dass eine Alltagshandlung wie das Essen so große Aufmerksamkeit erfährt. Esslerngeschichten sind ein Mehrwert im Aufbau der Kooperationsbeziehung und in der Vertrauensbildung: „Sie sorgen gut für mein Kind!"

Weiterentwicklungen

In der Regel finden sich in Verfahren zur Beobachtung von Bildungsprozessen und zur Einschätzung der Entwicklung, wie zum Beispiel die „Grenzsteine der Entwicklung", auch Aussagen zum Essenlernen, Essenkönnen und Sich-versorgen-Können. Aussagen zum Umgang des Kindes mit ungewohnten Speisen sind dabei kaum im Blick. Eine kompetenzorientierte, offene Beobachtung der Entwicklungsleistung des Kindes rund um die Mahlzeiten kann ein neuer Aspekt im Portfolio[1] des Kindes sein. Vielleicht eröffnet sich damit der Blick auf die anderen Pflegehandlungen und „Schlafgeschichten" und „Geschichten um Körperpflege und Regulation" folgen.

[1] Portfolio wird hier als Zusammenführung aller Daten und Dokumente des Kindes in der Zeit seines Aufenthalts in der Kita verstanden. Das Portfolio ist ausschließlich den pädagogischen Fachkräften zugänglich.

Esslerngeschichte: Max wird

1 Max, heute konnte ich dir dabei zusehen, wie du ganz vertieft dein Frühstücksbrot bestrichen hast.

4 Anschließend hast du dir das Glasschälchen mit der Butter näher an deinen Teller gestellt. Dabei ist dein Daumen in das Schälchen gerutscht. Hat dich die Butter an deinem Finger gestört?

ein Brotstreichexperte

2 Zuerst hast du die Marmelade mit einem Löffel auf dein Brot tropfen lassen.

3 Dann hast du dein Messer mit der linken Hand festgehalten, um mit der rechten Hand wieder Marmelade auf dein Brot zu bekommen. War es schwierig, mit dem Löffel und dem Messer gleichzeitig zu arbeiten?

5 Du hast dir viel Zeit genommen, um die Butter auf der Marmelade zu verteilen.

6 Nach der anstrengenden Arbeit war dein Brot mit Marmelade und Butter bestrichen und du konntest essen.

7 Nachdem du dein erstes Brot gegessen hast, hast du dir noch ein zweites Brot genommen.
Ich war schon ganz gespannt darauf, ob du wohl zuerst mit Marmelade beginnen würdest.

8 Aha, dieses Mal war es die Butter!
Wie schnell das auf einmal ging.
Die Butter wurde von dir über das ganze Brot gleichmäßig verteilt.

9 Dann schnell noch mal die Finger ablecken.

10 Um es dann genüsslich zu essen. Diesmal aber ohne Marmelade.

Ich bin schon ganz gespannt darauf, wie du dein Frühstücksbrot das nächste Mal bestreichst.

Deine Beatrix Rösch

Die Esslerngeschichte von Max ist im Kinder- und Familienzentrum Ringelbach der Stadt Reutlingen entstanden.

Materialien/Links

Hier können Sie für eine bewusste Gestaltung von Mahlzeiten und entsprechenden Bildungsanlässen in der Kita noch Weiteres entdecken. Eine kleine Auswahl:

www.bertelsmann-stiftung.de
Link zu der Studie „Is(s)t Kita gut? Kita-Verpflegung in Deutschland: Status quo und Handlungsbedarf" 2014.

www.dge.de
Mit Link zu FitKid, www.fitkid-aktion.de, der speziellen Infosparte für Gemeinschaftseinrichtungen/Kindertageseinrichtungen u.a. mit Informationen zu Speiseplänen, Zertifizierung, Ernährung für die einzelnen Altersgruppen, gesetzlichen Vorgaben usw. Broschüre „DGE-Qualitätsstandards für die Verpflegung in Tageseinrichtungen für Kinder" als Print und Download erhältlich.

www.dge-medienservice.de/13-dge-ernahrungsbericht-vorveroffentlichung-kapitel-2-und-3.html
Die Vorveröffentlichung zum 13. DGE-Ernährungsbericht beinhaltete die Kapitel Verpflegung in Kindertageseinrichtungen (VeKita): Ernährungssituation, Bekanntheitsgrad und Implementierung des DGE-Qualitätsstandards.

www.kiggs.de
Die KIGGS-Studie ist die größte Studie zur Gesundheitsprävention mit 17.300 Teilnehmenden im Alter von 0–17 Jahren.

www.fke-do.de
Forschungsinstitut für Kinderernährung (FKE) Dortmund, auch mit dem Schwerpunkt „optimierte Mischkost" (optimiX).

Literatur

Arens-Azevêdo, U./Pfannes, U./Tecklenburg, M. E. (2014): Is(s)t Kita gut? Kita-Verpflegung in Deutschland: Status quo und Handlungsbedarf (hrsg. von der Bertelsmann Stiftung). www.bertelsmann-stiftung.de/fileadmin/files/BSt/Publikationen/GrauePublikationen/GP_Isst_Kita_gut.pdf

Bläsius, J. (2012): Übungen des praktischen Lebens für Kinder unter 3 Jahren. Freiburg: Herder.

Borke, J./Keller, H. (2014): Kultursensitive Frühpädagogik. Stuttgart: Kohlhammer.

Bundesministerium für Familie, Senioren, Frauen und Jugend (BMFSFJ) (Hrsg.) (2009): 13. Kinder- und Jugendbericht. 2. Aufl.

Deutsche Gesellschaft für Ernährung (DGE) (2016): Vollwertig essen und trinken nach den 10 Regeln der DGE. www.dge.de/fileadmin/public/doc/fm/10-Regeln-der-DGE.pdf

Diebold, S. (2016): Essen wie im Senegal. In: Entdeckungskiste, 2016, 4, S. 68ff.

Fritz, L./Schubert, S. (2014): Bildung für nachhaltige Entwicklung. kindergarten heute – praxis kompakt. Freiburg: Herder.

Fuchs, C. (Eventio): Dossier Tischsitten weltweit. www.eventio.ch/assets/alld_tischsitten-weltweit.pdf

Gätjen, E. (2011): Lotta lernt essen. Stillen, Milch und Babybreie: Der Ratgeber fürs tägliche Leben. Stuttgart: Trias.

Gätjen, E. (2012): Essensspaß für kleine Kinder. Stuttgart: Trias.

Gonzales-Mena, J./Widmeyer-Eyer, D. (2008): Säuglinge, Kleinkinder und ihre Betreuung, Erziehung und Pflege. Arbeitsbuch zum Curriculum. Freiamt: Arbor.

Gutknecht, D. (2015): Bildung in der Kinderkrippe. Wege zur Professionellen Responsivität. Stuttgart: Kohlhammer.

Hille, K./Evanschitzky, P./Bauer, A. (2016): Das Kind – Die Entwicklung in den ersten drei Jahren. Bern, Köln: hep.

Höhn, K. (2010): Gemeinsam Räume bilden – für die Jüngsten planen. Kronach: Carl Link.

Höhn, K./Lutz, C. (2014): (Meine Art zu) Essen, hält (meinen) Leib und Seele zusammen – Impulse zur Entwicklung eines interkulturellen Diskurses am Bildungsort Mahlzeit. Workshop auf der 6. Bundesweiten Fachtagung: Netzwerk Fortbildung: Kinder bis drei. EH Freiburg, 19.–21.03.2014. http://netzwerk-fortbildung.jimdo.com/app/download/5764333917/Workshop+Essen_K.+H%C3%B6hn+und+Ch.+Lutz+.pdf?t=1396865304

Höhn, K. (2014): Bildungsort Mahlzeit. In: Welt des Kindes, 2014, 3, S. 19–21.

Höhn, K. (2016): Eingewöhnung und Übergänge in Krippe und Kita gestalten, Handreichung. Freiburg: Herder.

Kersting, M./Hilbig, A. (2015): Gesunde Ernährung von Anfang an. In: Frühe Kindheit, 2015, 1, S. 6.

Maywald J./Walper, S. (2015): Editorial. In: Frühe Kindheit, 2015, 1, S. 3.

Kölsch-Bunsen, N./Morys, R./Knoblauch, C. (2015): Kulturelle Vielfalt annehmen und gestalten. Freiburg: Herder.

Methfessel, B./Höhn, K./Miltner-Jürgensen, B. (2016): Essen und Ernährungsbildung in der Kita. Stuttgart: Kohlhammer.

Ministerium für Arbeit und Sozialordnung, Familie, Frauen und Senioren Baden-Württemberg (Hrsg.) (2015): Erster Armuts- und Reichtumsbericht für Baden-Württemberg.

Niesel, R./Griebel, W. (2015): Übergänge ressourcenorientiert gestalten: von der Familie in die Kindertagesbetreuung. Stuttgart: Kohlhammer.

Punch, S./Emond, R./McInstosh,I./Lightowler, C. (2016): Children, Food and Care Research. In: Täubig, V. (Hrsg.): Essen im Erziehungs- und Bildungsalltag. Weinheim, Basel: Beltz Juventa, S. 16–30.

Remsperger, R. (o. J.).: Bildungs- und Lerngeschichten. In: Rißmann: Digitales Lexikon Kindheitspädagogik. www.kita-aktuell.de/search/view?id=0:7288957

Renz-Polster, H. (2014): Kinder verstehen. Born to be wild: Wie die Evolution unsere Kinder prägt. 7. Aufl., München: Kösel.

Rosenkötter, H. (2016): Unsere Zunge, Wissenswertes zum Schmecken und zur gustatorischen Wahrnehmung. In: Entdeckungskiste, 2016, 4, S. 67.

Täubig, V. (2016): Essen im Erziehungs- und Bildungsalltag erforschen. In: Täubig, V. (Hrsg.): Essen im Erziehungs- und Bildungsalltag. Weinheim, Basel: Beltz Juventa, S. 212–232.

Verbraucherzentrale (Hrsg.) (2016): Mit Kindern essen, gemeinsam genießen in der Familienküche. Düsseldorf: Eigenverlag.

Von Allwörden, M./Wiese M. (2013): Vorbereitete Umgebung für Babys und kleine Kinder. Handbuch für Familien, Krippen und Krabbelstuben. Berlin: Pikler Gesellschaft.

Von der Beek, A. (2006): Bildungsräume für Kinder von Null bis Drei. Weimar, Berlin: Verlag das netz.

Zukunftsinstitut (Hrsg.) (2016): Foodreport. www.zukunftsinstitut.de

Dank

Einen herzlichen Dank für die Möglichkeit zum Fotografieren an das Kinderhaus St. Michael Eislingen, Montessori Kinderhaus Casa dei bambini Freiburg, Kinder- und Familienzentrum Ringelbach und Krippe Betzenried, beide Reutlingen, Kinderhaus am Neckarbogen Tübingen, Krippe im Familienzentrum des DRK Nürtingen, Kindergarten Adelberg, Kindergarten Jagstberg.

Nachweis Zitate/Tischsprüche

Brillat-Savarin, J. A.
www.aphorismen.de/autoren/person/759/Jean+Anthelme+Brillat-Savarin

Dunitz-Scheer, M./Scheer, P. (2005): Jenseits von Dick und Dünn. Kochen, Essen, Familie. Der etwas andere Ratgeber. Mit vielen praktischen Beispielen und Rezepten. Wien: Falter, S. 14.

Handler, B. (2016): Mit allen Sinnen leben. Vortrag bei der Tagung „Essen zwischen Hektik und Genuss" am 23.2.2016 in Stuttgart, Vortragsskript.

Lustige Tischsprüche.
www.familienkost.de/tischsprueche.php

Malteserjugend: Tischgebet.
www.malteserjugend-wuerzburg.de/uploads/media/2006-09-1.pdf

Montessori, M. (1992): Kinder sind anders. 7. Aufl., Stuttgart: Klett-Cotta, S. 89.

Pape, S. (2012): Lirum Larum Lecker, Reime zum Reinhauen. Stuttgart: Klett Kinderbuch.

Volksliederarchiv: Tischspruch.
www.volksliederarchiv.de/muh-muh-muh-so-ruft-im-stall-die-kuh/

Vom Wege, B./Wessel, M. (2015): 333 Lernspaßideen. Freiburg: Herder, S. 21.

Impressum

praxis kompakt: Essen bildet! Mahlzeiten als Lernsetting entdecken ist ein Sonderheft von kindergarten heute – Das Fachmagazin für Frühpädagogik

Redaktion
Franziska Aehlen (verantw.)
Carolin Küstner

Anschrift der Redaktion
Hermann-Herder-Str. 4
79104 Freiburg
Tel.: 0761 / 2717-322
E-Mail: redaktion@kindergarten-heute.de
www.kindergarten-heute.de

Verlag

www.herder.de

Bildnachweis
Coverfoto und Fotos Seite 3, 10, 14, 15, 36, 39, 43, 49: Harald Neumann, Freiburg
Foto Seite 4: ccvision.de
Foto Seite 6: Thomas Poreski, Reutlingen
Fotos Seite 1, 12, 13 oben und unten, 19, 20 oben und unten, 24 oben und unten, 27, 28, 29, 30, 31, 34, 35, 37, oben und unten, 38 oben und unten, 40, 41, 42, 43 oben, 44, 45, 46, 47, 48: Kariane Höhn, Tübingen
Fotos Seite 8, 18, 21, 23, 25, 44 oben: Gudrun de Maddalena Foto-Grafik Atelier, Tübingen
Foto Seite 26: Andrey Kuzmin-Fotolia.com
Foto Seite 30 (Tablett): Christine Lutz, Reutlingen
Foto Seite 45 Mitte: Sabrina Heinzelmann, Reutlingen
Bilder der Esslerngeschichte: Beatrix Rösch, Reutlingen

Satz und Layout
rsrdesign, Wiesbaden, www.rsrdesign.de

Druck
Medienhaus Plump GmbH, Rheinbreitbach

Leserservice
Verlag Herder GmbH
Hermann-Herder-Str. 4
79104 Freiburg
Tel.: 0761 / 2717-379 oder 0761 / 2717-244
Fax: 0761 / 2717-249
E-Mail: kundenservice@herder.de

Gedruckt auf chlorfrei gebleichtem Papier

Printed in Germany

Titelnummer 695
ISBN 978-3-451-00695-1